「ゴール仮説」から始める問題解決アプローチ

どんな難題、難局も
短時間で突破する
戦略コンサルの手法

KPMGコンサルティング
佐渡 誠

すばる舎

はじめに

サッカーとアルバイトに明け暮れた学生生活を終え、日系の国内大手企業に就職した。よき先輩に恵まれ、仕事のイロハから人とのつき合い方に至るまで、さまざまなことを教えてもらった。今、振り返ると、私の社会人としての基礎を教えてもらった場として感謝している。

しかしその一方で、先の見えない不安が自身を襲っていた感覚を、今でもはっきりと覚えている。

仕事の早さ、多少の改善、気の利いた動きでオペレーショナルな仕事においてはトップクラスの評価をいただいていたものの、戦略や企画を作ったり、会社の問題点を炙《あぶ》り出して効果的な施策を考えたり、問題に対して自ら考え解決していくシーンに出くわすと、途端に対峙の仕方がわからず、パフォーマンスが出せない自分がいたからだ。

その都度、先輩たちに聞いて回ったり、企業内の有識者を探し回ったり、他部署の似たような返答事例などを集めては、何とか打ち返すというその場しのぎの対応を続けていた。

「このような向き合い方を今後も続けて、将来、さまざまな問題への解決を求められた時、果たして自分の力で乗り越えていけるのだろうか」という不安に駆られていたのである。

「この先、いかに問題が多様化・複雑化しようと、解決に与えられる時間が今と比較できないほど短くなろうとも、自分の力でしっかりと対峙し、常に解決に向けてメンバーを率いていけるようなリーダーになろう」と一念発起して、戦略コンサルタントとしての道に進むことを決めたのであった。

早いものでそれからもう20年が経とうとしている。

今は自分が選んだ道が正しかったと確信している。ただ、若いころは本当に苦労した。心が折れそうになったシーンなど数えられないほど存在する。

与えられた役割に対して応えられないもどかしさ。時には「こんな問題、絶対に解決できないよ」と投げ出したくなるような場面もいくつもあった。

プロジェクトが終わるたび、

「一体、自分に何が足りなかったのか」

「何を身につければもっと楽に成果が出せるのか」

「どうしたらもっと早く帰れるのか」

「なぜ先輩たちはクリアに問題解決ができるのか」

そんなことを何度も自分に問いかけていたのである。


なぜ若い時にあれほど多くの苦労をしたのか。

振り返って考えると、その答はシンプルだ。問題解決に際して最良のアプローチや手順を自分の中で理解し、実践する力がなかったということに尽きる。

そのアプローチや手順を知ってさえいれば、あんなに苦労はしなかったのに。鍵となる要諦やノウハウをしっかりと理解し、早くから磨き高めていれば、もっと楽に価値が出せただろうに。

もちろん、ロジカルシンキングや仮説思考、論点思考、フレームワーク、統計学といったコンサルタントとして価値を出すために必要な個別スキルの習得は積極的に行っていた自負はある。

しかし、「実際に、個別スキルをどのようにプロジェクト全体の流れの中で発動していくか」「どこにポイントがあり、何が大切なのか」といった実践的な解説書にはなかなか出会うことができず、結果として、現場プロジェクトを数多くこなしながら自分の中でアプローチや要諦、陥りやすいワナを体系立てて整理習得していった。

それこそが、本書で書き記す「ゴール仮説から始める問題解決アプローチ」なのである。ゴール仮説から始める問題解決アプローチとは、いかなる問題に対してもまずはゴールの初期的な仮説の立案からスタートし、そこから検証すべきポイントを検証しながら最適解を導いていくというアプローチを指す。

職業柄、難しい問題解決に苦労しているリーダー達に出くわすたび、昔の若かりし頃の自分と重なり、「ゴール仮説から始める問題解決アプローチ」を知らない、教えられていないことへのもどかしさを感じざるを得ない。

この問題認識こそが、私が本書を執筆しようと決心した理由である。

若かりし頃の私と同じように問題解決に苦しみ、日々奮闘しているビジネスリーダーに向けて、自分の経験を題材にしてノウハウを伝授し、少しでもその役に立てるならば、これまでの苦労も大いに意味あるものとして捉えられる。

私は新卒で一から鍛え上げられた純血コンサルタントでもなければ、自分を「超」がつくような一流の戦略コンサルタントだと思ったこともない。

今でこそ、組織の中で重責を担い、組織を率い、コンサルタントを育成していく大役までもいただけてはいるが、事業会社からコンサルタントに転身し、何度も鼻をへし折られ、雑草のように這い上がって、何とかマーケットから目を向けてもらえるようになった実に泥臭いコンサルタントなのだ。

だからこそ、本書を書き伝える意義が深いと思っている。

常に、若かりし頃の雑草魂を忘れない戦略コンサルタントとして、あえて自身の苦労話、失敗経験といった恥ずかしい過去も披露することで、読者のみなさんの理解促進に貢献できればと切に願う。

ＫＰＭＧコンサルティング　佐渡　誠

「ゴール仮説」から始める問題解決アプローチ　目次

第1章 なぜ、これまでのやり方では生産性が上がらないのか？

第2章

ゴール仮説から始める問題解決アプローチ

第3章

ゴール仮説と、真に答えるべき問題を明確にする

第4章

ゴール仮説の「筋のよさ」を意識する

第5章

全体像を「見える化」し、共有する

第6章 事例から学ぶ、失敗と成功を分けた要因

第1章

なぜ、これまでのやり方では生産性が上がらないのか？

時間は「制約要素」と考える

限られたリソース（人や時間、もの、金、情報など）の中で、いかに生産性の高い働き方を実現していくか。

過去に出会ったことのない問題や難題の解決が求められ、リーダー自身、苦しみながらチームを率いて解決策を見つけ出していかねばならない局面は、ますます増えていくはずである。

- 次の柱になる１００億円単位の新規事業や新規サービスはないか
- デジタル技術やソーシャルネットワークを使って新しい顧客基盤を倍増できないか
- 納入リードタイムを半分に短縮できるような方策はないか
- ＡＩを活用して単純作業を代替し、事務効率を10倍高められないか
- Ｗｅｂサービスの質を高めて顧客接点のあり方をより高度化できないか

…など、これまで問われたことのないテーマの解出しを期待されるリーダー、マネジャーも少なくないだろう。

難しい局面に直面した時、「人をたくさん集める」「考える時間をたくさん使う」という解決策は、安易にリソースを過剰投資してしまう流れを作り、生産性向上には直結しない。

では何をすべきか。与えられた時間を「制約要素」として捉え、その時間で生み出せる付加価値を高めるように、チームをリードすること。つまり、時間当たり成果物を最大化するのである。

当たり前のように聞こえるかもしれないが、実はこれこそ、現代のリーダーやマネジャーに求められる根本的な発想転換なのだ。（図1）

これまでのリーダー、マネジャーは、課された仕事を達成するため、配下のメンバー一人一人を丁寧にケアし、

図1　生産性を高めるには限られた時間で成果を出す

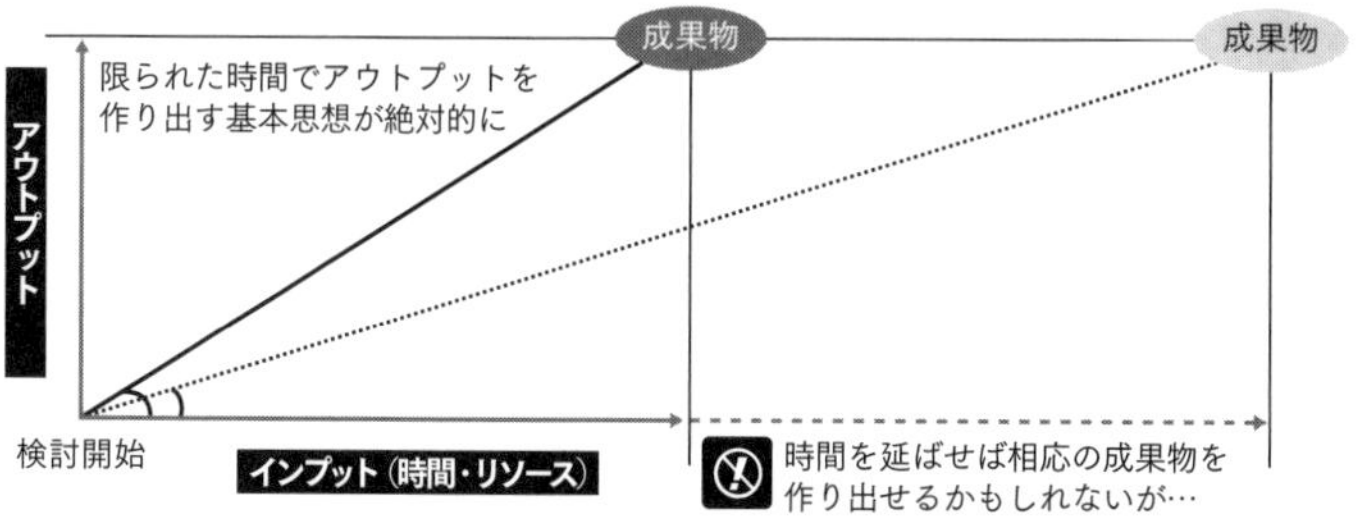

仕事を一つ一つ覚えさせながら育てていく役割まで果たしてきた。

新たな検討テーマが生まれれば、誰に検討させるかチーム全員の顔を思い浮かべながら「余力の有無」と「個人のスキル」の両観点からパズルを組み合わせ、与えられた戦力をうまく工夫して成果を上げることに尽力してきただろう。

それでも、期初に計画した活動や問題解決の多くが仕掛り途中で終わり、翌期のテーマとして繰り越すこともしばしばではないか。

「私の部の今の要員戦力では、このテーマを当初計画どおりの6か月で終わらせることができず、来期第1四半期まで引き延ばして継続検討したいと思います」

「検討していくうちに、新たに詰めなければならない点が多数出て参りました。関係各所とも整合を取って進めていきたいので、当初計画を引き延ばして来期末までに方針を策定したいと思います」

…こうした反省の言葉を多くの企業において依然として頻繁に耳にする。

ここで、時間という変数を、「時と場合によってはコントロールしても仕方ない」と安易に諦めてしまってはいないだろうか。

当然、時間を無視してはならないことは理解しているし、時間厳守という意識も持っているだろう。しかし、出口が見えない難しいテーマや問題になればなるほど、徐々に時間意識への希薄さが頭をもたげ、気づくと検討期間の延長や仕切り直しが当たり前のように要求される。

日本企業においては、検討すべきミッションやテーマに即応できるメンバーばかりが集まるわけではない。自ずと戦力の量や質に制約を受けるため、時間に対する制約を意識から外すことが、ある種当然の文化となってしまっている点も否定できない。

しかし今や、競争環境は変化し、「働き方改革」で労働時間は制限される時代になった。うかうかしていると突如現れた新興企業（ディスラプター）が業界を破壊するような時代が訪れ、スピードこそ競争優位性を生み出すことも稀ではない。こうなると、安易に時間を変動変数として疑いもせずに捉えていては、競争上の死を意味すると言っても過言ではない。現場リーダーにおいても意識改革が求められるのは当然である。

今こそリーダー、マネジャーは発想を徹底的に転換する必要がある。「時間は制約要素」

であり、安易に引き延ばしてはならないのである。

リーダーに求められる、ゴール仮説から始める問題解決アプローチ

「限られたリソースの中で、困難な状況を打破し、最良の成果物を生み出す力」を本書では「突破力」と表現するが、その力の正体とは一体何か。

みなさんは「困難な状況を突破するために必要な力は何ですか？」と問われた場合、どのような「力」を想起するだろうか？

強い心、ポジティブな考え方、努力、周囲のサポート、人望、などを思い浮かべるであろう。もちろんこうした心の持ち方や人間力も役に立つことは否定しない。

では、「リソースを増やせない中でリーダーは何をなすべきか？」と問われたらどう答えるか。「メンバー一人一人の考えをじっくりと聴く」「詳しい有識者をたくさん集める」といったリソース増の打ち手は採用できない。その中で、リーダーがやるべきこと、できることは何か。

その方法として有効なのが「ゴール仮説から始める問題解決アプローチ」なのである。

ゴール仮説から始める問題解決アプローチとは、いかなる問題に対してもまずはゴール

の初期的な仮説（でき上がりのゴールの姿）の立案からスタートし、そこから検証すべきテーマを辿りながら最適解を導いていくというアプローチを指す。

仮説思考については今さら感があるかもしれないが、果たして十分に使いこなせているだろうか。リーダー、マネジャーの中だけでなく、チーム全体で一つの仮説を共有し、論点（仮説の検証を行う上で対象となるポイント）を深め、それをもとに協働できているかという点を問いたい。

仮説思考のほか、本書の中においても「論点設定」や「フレームワークの活用」などさまざまな個別スキルを紹介している。

しかし、私の経験からすると、問題解決の早期段階で「ゴール仮説」を作れるかどうかが、何にも増して問題解決の効果・効率を左右すると断言できる。

手探りでゴールを探すのではなく、先にゴールの姿をうっすらなりにも思い描くことにより、チームメンバー全員のベクトルを合わせ、当初から全員の進むべき方向性、一人一人の作業の目的や意図をクリアにしながら進めていくスキルである。これによって「考える時間」のロスを極小化できるのである。

時間短縮と生産性向上の両立を求められる現場で今、すべきこと

現在、国や企業が取り組む「働き方改革」。時間外労働の上限規制、テレワークや副業・兼業の柔軟な仕組みづくり、雇用形態による不合理な待遇差の禁止、高齢者や女性の就業促進など。こうした政策、企業施策について特に異論はない。シンプルに考えれば、

生　産　性＝産出（Output）／投入（Input）
労働生産性＝産出（労働の成果：付加価値）／労働投入量（労働者数または時間当たり労働量）

という計算式で成り立っていることから、今、われわれは生産性を高めるために、分母の投入量を減らすか、分子の産出量（質）を増やすことが求められている。

労働時間の短縮や業務効率化に注力するだけでは不十分であり、いずれ限界も来る。コ

ストカットやリソース削減をいくら続けても、企業や経済の成長が達成できないことは、実感としてもおわかりだと思う。

一方で、生産性の分子に当たる「付加価値増大」の方法に関しての議論は、どこまで進んでいるだろうか。

「成果給の導入を進めるべきだ」「いや、そうなるとかえって残業が増えるため、働き方改革には逆効果だ」といった堂々巡りの議論から抜け出せていないのが実態ではないか。（図2）

それも当然であって、本来、分子の「付加価値の高め方」は、各業界、各企業、各組織、各チーム、そして最後は一人一人の個人が、それぞれの置かれている環境下で最適な解を見つけて取り組んでいくべきテーマだからである。

図2　生産性における分母の議論は進んでいるが…

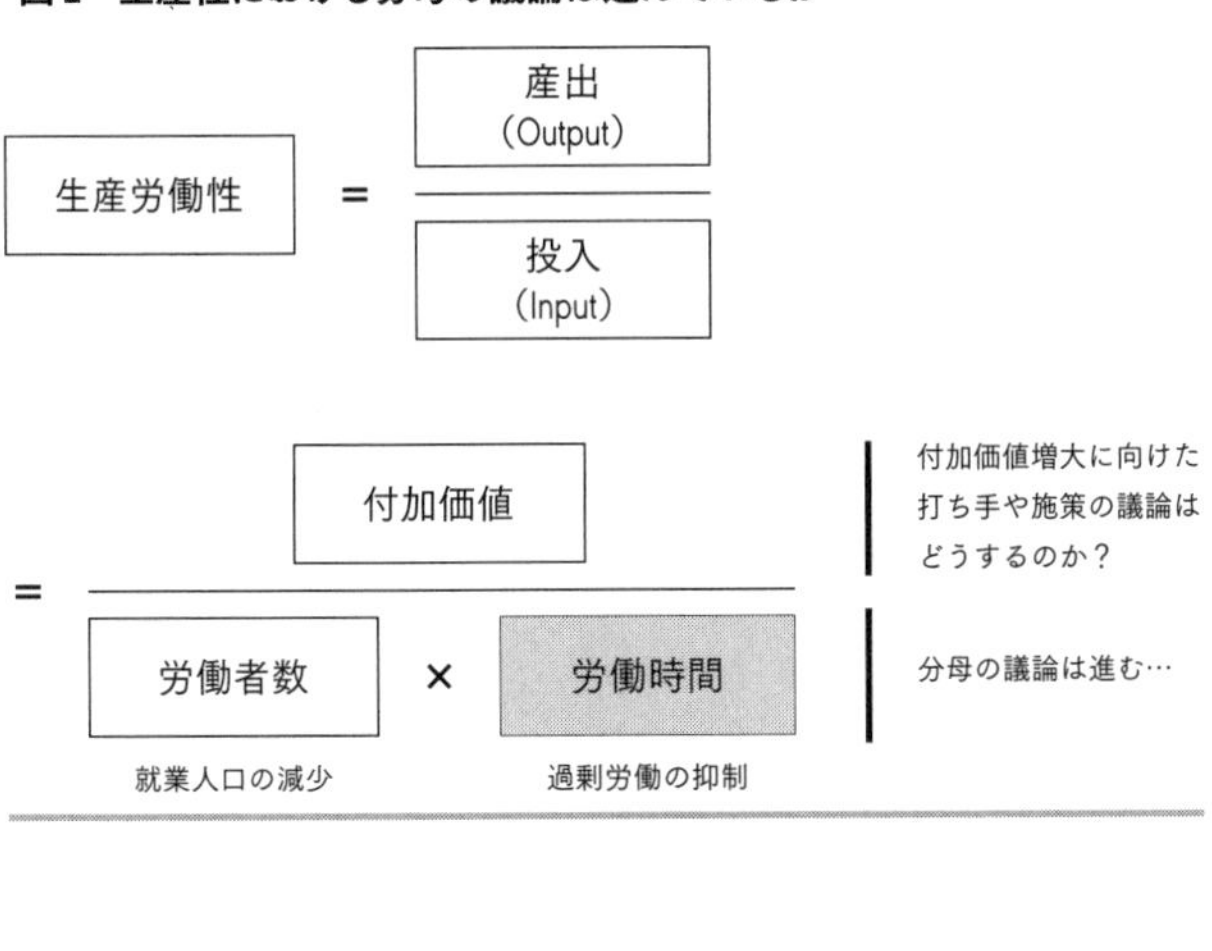
生産労働性
=
産出
(Output)
投入
(Input)
=
付加価値
労働者数
×
労働時間
就業人口の減少
過剰労働の抑制
付加価値増大に向けた打ち手や施策の議論はどうするのか？
分母の議論は進む…

むしろ一人一人の生産性を高め、それが組織全体・企業全体の生産性向上につながっていくようなボトムアップの視点や活動が必要だと考える。

リーダー、マネジャーが考えるべき「生産性向上」とは

では、リーダー、マネジャー自身が考えるべき「生産性向上」とは何か。

どうすればもっとラクに、スムーズにチームが動き出し、より短時間でこれまで以上の成果を上げられるかという発想になるはずである。これが本書で考えるテーマである。

日常の足元に目を向けてみると、日本のビジネスシーンにおいて、生産性を低迷させている事象は無数に存在しているはずだ。

リーダー、マネジャーはまず、自分自身を振り返り、そうした価値を生み出さない無用な時間を可能な限り減らしていくことこそ、生産性向上の草の根になるはずだ。

「生産性を低迷させている事象」や「価値を生み出さない無用な時間」という表現を用いたが、言い方を変えると「前進したいのだけれど、進み方がわからず壁にぶち当たっている状況」という意味になる。

これが本書で考えたい「生産性向上を阻む障害＝迷い＝生産性の壁」と呼ぶべきものだ。

具体的に言うと、個人ワークの場合もあれば、組織を指揮するマネジメント層の立場からチームへの方針展開・指示への迷いの場面もあるだろう。

詳細な環境分析や緻密な戦略策定、複雑な問題の構造的整理…、どれも大切な要素であることに異論はないが、キーワードは何と言っても「限られた時間の下で」である。

「時間」や「人」を無数にかけて向き合えるなら、相応の答えはいつかは出せるだろう。限られた時間の中で方向性を出さなければならないことが難しいのである。

今、ビジネスパーソンが直面する「生産性の壁」に対する三重苦の正体

改めて「働き方改革」の視点に目を向けてみる。「働き方改革」の多くの施策は、実のところ生産性の分母、つまり「就業力の維持」に軸足を置いている。

放っておくと少子高齢化が加速し、右肩下がりで就業人口が減少していく中、限られた働き手だけに過剰な労働負担が課せられて、新聞紙面を賑すような過労死などの不幸な状況が起きないように、政策的にしっかりと取り組んでいく、非常に真っ当な政策であることはまちがいない。

しかし、付加価値を生み出す責務を担う働き手の立場で考えると、本質はやや変わってくる。そこにはこれまでにない三つの困難（三重苦）が浮き彫りになってくる。

一つ目の苦＝労働時間短縮による困難

一つ目の苦は、働き方改革の加速によって、自分自身、あるいは組織の活用可能労働

力・労働時間にこれまでにない制約を受けるという苦しみである。

限られた時間の中で、これまでと同様の、あるいはこれまで以上の成果物を出すことが求められるという苦しみとは具体的にどういうことか。

働く時間は限られ、残業は許されない。

限られた時間で成果を出さなければ賃金は右肩下がりで目減りしていく。

自分のみならず、配下のメンバーも長時間働かせることは時代錯誤だと批判される状況下で外部環境変化のプレッシャーも重なっていく。

一方で「早く帰れ、ただし成果をもっと出せ」という矛盾した指示を出すことで、時短ハラスメント（ジタハラ）とされる世界があちこちで生まれている時代である。

二つ目の苦＝労働力の多様化による困難

二つ目の苦は、労働力の質的転換である。

今後、働き手の性別・価値観・国籍は多様化していく。特に、これからの社会を支えていく若者の何割かは「適度に働いてワークライフバランスを重視したい」と考え始めているように価値観の多様化は加速している。

そして、就業の場所も時間も変わっていく。オフィスに限らずバーチャルな世界であったり、育児・家事の空いた時間で仕事をしたり、就業日を自由に選択したりという試みは今後さまざまな形で導入されていくだろう。

これまでのように多くの人々がオフィスという同じ場所に集まり仕事をし、仕事を通じてキャリアアップを図っていく、同じような価値観の集団が集まって目的に向かっていく状況は減っていく。

こうした労働力そのものの質的な転換は、もはや止めることのできない流れにあり、その中で成果を出していかなければならない。これは正直、楽しみというよりも困難と捉えるほうが、実感としては正しいのではないか。

われわれKPMGにおいても、グローバル共通の重要政策としてInclusion&Diversity（I&D：多様な働き方のこと。人種、国籍、宗教、性別、価値観、ライフスタイル、障害などに注目した多様性）に取り組んでいるが、何も「みんな仲よくしましょう」といった人づき合いの話をしているのではない。人材の質的転換は不可避であるという大前提に立ち、多様な人材をいかに包括しながら、生産性を維持しつつ、向上させていくことができるか。それがビジネス発展のためには絶対不可欠な視点として全世界で徹底されているのである。

三つ目の苦＝ビジネス問題の多様化・複雑化による困難

最後に直面する三つ目の苦が「問題の多様化・複雑化」である。

デジタルテクノロジーによる破壊的イノベーション、グローバル化、ＡＩ活用など、ビジネス環境はこれまでにないスピードで変化しており、それに伴って現場での意思決定スピードの飛躍的向上が求められている。意思決定を促すための必要な情報や要素が、一昔前に比べて爆発的な量に拡大しており、その解釈の難易度も高まる一方である。

デジタル化やグローバル化の加速によって、われわれが物事の方向性を意思決定するためのスピードが昔と比べものにならないくらい加速度的に速まっている。

私がまだ若手のコンサルタントであった2000年代にあっては「成長戦略」や「事業戦略」「営業戦略」に「マーケティング戦略」など、その策定に3か月、社内合意形成に3か月、実行準備で3か月、6〜9か月かけていよいよ現場で戦略を実行する、といったスピードが普通で、システム開発や刷新に関わるプロジェクトもまた同様であった。

業務要件定義やシステム要件定義に1年2年を費やすことも普通であり、ウォーターフォール型と言われるアプローチでシステムを一つ一つ開発していく流れが多くのプロジェクトの基本型であった。

しかし今や、悠長に準備しているうちに、いきなり破壊的ベンチャーが業界参入を果たしてきたり、想定もしなかった競合同士がいきなり提携発表したり、そもそもの戦略の前提が根本から崩れてしまうようなケースが頻発していることは、みなさんも実感されているであろう。昔みたいに「3か月間討議を重ねて検討する」などといった悠長な検討が許される時代ではなくなったのである。

「決めるのに何週間かかっているんだ！」

「そんなもの2週間で方針決めて早く走れ！」

というような、3〜4年前には革新的な人だけが発していたフレーズも、今では多くの企業で当たり前のように耳にするようになってきた。

こうした三重苦の中で複雑化する問題への解決を求められているのが、今の、そしてこれからのビジネスパーソン達なのだ。

だからこそ、困難な状況を乗り越えるためのリーダー、マネジャーの「突破力」が求められているのである。

労働生産性を高めなければならないという至上命題の下、同じ投下時間でこれまで以上の成果物を作り出すような働き方を実現するためには、分母の議論だけではどうしても足りない。

量的にも質的にも制約を受けていく労働力(分母)をいかに有効に活用し、比にならないほど複雑化していくビジネス問題に対して最短・最良の突破を図っていくか。

その分母・分子を合わせて考える視点が、生産性向上のために、戦いの最前線では重要になる。

個人のスキルアップという視点も大切であるが、チーム全体の生産性に大きな影響を及ぼすのはやはりチームリーダー、マネジャーである。

チームを率いるリーダー、マネジャーが出口なき迷走の状態にメンバーを置かず、着実に前進していくスキルを有しているか。それがより一層重要になっている。

「迷い＝生産性の壁」が生じるシーン

生産性の壁を突破する力を論じる前に、私が多くの企業のコンサルティングを行っている中で、ビジネス最前線においてよく見かける「突破できずに苦しんでいるシーン」をいくつかご紹介したい。読者のみなさんは、それぞれ業種も職種も立場もさまざまではあろうが、少なからず一つくらい当てはまるシーンがあるのではないだろうか。

そこには一体どのような壁があり、その壁を越えられない本質的な理由は何なのか。ではどうあるべきなのかといった視点を持ちながら一つ一つ読み進めていただきたい。

大手国内製造会社のケーススタディ

最近、業績が厳しく、来年から始まる次期中期経営計画で、その打開に向けた戦略や施策の打ち出しが必須とされている状況。

早速、経営企画室管掌役員をプロジェクトオーナーとして、「次期中期経営計画策定プロジェクト」が編成された。これから半年かけて中期経営計画を作り上げていく。

検討チームは経営企画室長をリーダーに、経営企画室メンバー3名と全5事業部から推薦された若手課長・係長クラス5名の合計8名。

これから隔週でチーム討議を行いながら経営計画を作り上げていく。

①「何から手をつけ始めればよいのか」が見えない壁

▼シーン1：「中期経営計画策定」キックオフミーティング

経営企画室長が大まかな趣旨と全体スケジュールを冒頭にて説明する。

「まずは各事業部で、現事業の問題と、その方向性を整理して次回持ち寄ろう」というネクストアクションを決めてミーティングを終了した。

A事業部から推挙され、本プロジェクトに参加したS課長。「問題を抽出する」という方針は理解できるのだが「どのようにして問題を抽出すればよいのか…」「そのために、一体何から始めればよいのだろうか…」と悩む日々。

壁の本質

典型的な現状分析偏重アプローチ（↓53ページ）である。リーダー（経営企画室長）に「ゴール仮説を早々にメンバー間で作り上げよう」という意識がないため、次回のミーティングまでにメンバーが遂行すべき作業の広さ、深さの振れ幅は相当に大きくなる。

リーダーが取るべきアクション

1．ゴール仮説から始める問題解決アプローチで進めることをメンバー全員で共有する
2．ゴール仮説を構築するために最低限必要な情報・要件・前提などを定義する
3．できればうっすらなりにもゴール仮説の議論の頭出しをする

②検討したいことが、あれこれ拡散して定まらない壁

▼シーン2：1回目のプロジェクト・ミーティング

S課長は部下のTさんにも手伝ってもらって、とにかくA事業部の業績情報をすべて収集し、加えて何名かの部長へのヒアリングも実施し、次の会議で報告した。

「ここ数年、原料価格高騰の影響で原価率が高まっており、粗利の低下が止まりません」

「売上に関しても、競合各社の価格攻勢が激しく、当社は伸び悩んでおり、営業部門も苦

しんでいる模様です」

参加者の異論はない。しかしS課長本人もプロジェクトメンバー全員も心の中では、「だから何なんだ？」「本当に、これで調べる情報は十分なのだろうか」「ヒアリングもたくさんしたけど、真の問題にふれられているのだろうか」と内心では不安一杯な状態である。その結果、「もう少し時間をかけて調べてみます。次回もう一度討議させて下さい」という返答でその場は取り繕った。

壁の本質

真に答えるべき問題（問い）の定義がそもそも浅い。ゴール仮説がないため、それを構成する個別の仮説も存在せず、検証すべきポイントが不明確なまま作業に入っており、結果的に市場や競合分析は行ったものの、その分析成果物の有効性や活用イメージが湧かずに停滞してしまっている。

リーダーが取るべきアクション

1．真に答えるべき問題（問い）を定義する
2．深い論点（検証ポイント）を設定する／設定させる
3．その確からしさを確認するための優先作業を明確にする

③他部署や他プロジェクトと重複検討が生じ、その整理に多大な時間を要する壁

▼シーン3：2回目のプロジェクト・ミーティング

「ここに書いてある工場周りの問題は、別途、製造部長が社内プロジェクトを立ち上げて昨年検討していたので連携したほうがいい。他にもいくつか他部署で、既に施策を作って進めている内容が書かれているので、そのあたり一旦整理して進めたほうがいいと思うよ」とのコメントが経営企画室長から検討メンバーに発せられた。

何かを検討し始めると、必ず後からこうした関係各所との整合や、取り組みの重複を整理することに苦労してきた経験から、S課長は抵抗なくアドバイスを受け止めたものの、実作業を行っているメンバーは正直「最初からそこを整理してから指示してくれよ…」という不満を抱かずにはいられなかった。

壁の本質

検討当初、「全体像の見える化」が不足している。そのために、どこの領域や問題に踏み込むと関係各

所との調整が生じるのか。整合を取るべきなのかといった進め方の整理が、メンバー間、ステークホルダー間で明確にされていない。

リーダーが取るべきアクション

1．検討領域の全体像を「見える化」する（鳥の目→141ページ／虫の目→144ページ）
2．外部と整合を取って進めていくべき領域・内容と、独立して推進する領域を切り分ける
3．早々にステークホルダーと認識を合わせた上で、スケジュールに落とす（魚の目→146ページ）

④「テクノロジーやイノベーティブな問題は自分には越えられない」という思い込みの壁

▼シーン4：初めての役員報告

さらに社内のヒアリングを行い、原料価格の変動なども調べて役員報告会に参加したS課長。「原料価格の高騰に対して、当事業部も商社と連携して対策を練り始めており、目標3％アップで来年度は収めるべく動いているとのこと。この取り組みは引き続き重点施策として中期経営計画の中に取り込んでいきたいと思います」と報告した。

それに対して、プロジェクトオーナーである役員が発言する。

「その取り組みは進めてもらうとして、そもそもの製造プロセスを先進のテクノロジーを駆使して抜本的に変えるような取り組みはできないのか？　聞くところによると、競合D社はサプライチェーンにデジタルテクノロジーを積極的に取り込んで大幅なコスト削減に取り組み始めていると聞いたが、そこは実際どうなんだ？」

押し黙ったのち「急ぎ調べて見ます」と返答するのが精一杯のS課長。

心の中では「先進テクノロジーの知識なんて私にはない…。ＩＴ本部に指示すべきではないのか…。指示する相手が違うだろう…」と正直無茶ぶりをされた気分で終了。

⑤成功体験・過去の経験の延長線上にない問題は越えようと思わない壁

▼シーン5：上司に相談

役員からの宿題に対して自分でどのように進めてよいのかわからず悩む日々が続くS課長。「ここは思い切ってこれまでお世話になってきた上司に相談しよう」と思い、面倒見もよく、人望も厚いＴ部長に相談することにした。

「先日役員から、『現状の問題抽出だけでなく、もっと競合の動き、特にテクノロジーを活用した思い切った改革策は考えられないのか？』と宿題を出されたのですが、どういう改革策が考えられそうですかね？」
「難しいこと聞くねー。最近の目まぐるしい技術進化の話とか俺にはわかんないよ。正直ついていけないんだよなぁ。ＩＴ部門のＫ部長に聞いてみればいいんじゃないかな。つないでやろうか？」
Ｓ課長には想定どおりの返答で、「やっぱりそうなるよな」と落胆した気持ちになった。

シーン④⑤・壁の本質

「与えられたリソースやスキルの範囲でしか成果物はできない」という旧来の発想で向き合っており、外部リソースを使うという考えが全く発動されていない（発動する意識設定が乏しい）。

リーダーが取るべきアクション

1．テクノロジーを用いたＳＣＭ（supply chain management）改革の事例や情報を、徹底的に発掘する。（例：テクノロジー×生産改革×原料費削減といったキーワードで検索するなど）
2．役に立ちそうな情報提供企業にコンタクトし、情報の中身を深掘りする
3．同時に、当該情報を持って内部有識者・関連部署へのヒアリングも実施する

⑥言いたいことがうまく伝えられない壁

▼シーン6：最終ミーティング

その後、数回のプロジェクト・ミーティングを経て、ようやく迎えた最後のミーティング。オーナー役員への報告を兼ねた緊張感あふれるミーティングである。A事業を代表してS課長が「問題とその解決に向けた方向性」を発表。続いて各事業部から選抜された若手チームメンバーが同様に発表を行い、全体の「問題と方向性」が報告された。

続いて経営企画室長が各施策の優先度と実行に伴う期待効果を説明し、約1時間かけて一とおりの「中期経営計画の骨子」の説明が終了。聞いていたオーナー役員から質問が出る。「要は何がダメで、何をしろと言いたいのか、もう一度シンプルに教えてくれないか？」

経営企画室長が資料に戻りながら再度説明を繰り返す。

「各事業部から全部で15個の問題が抽出されまして、それらを「難易度」と「影響度」で優先度をつけた結果、この三つの問題が優先度高と考えた次第です…」

シンプルに伝えたい、伝えなければと室長は焦りの色を隠せないまま、結局うまく伝えられず（伝えられたという手応えなしに）に会議は終了。

壁の本質

キラーメッセージが研ぎ澄まされておらず、言いたいことが伝わらない。コミュニケーションへの備え・スキルが不足している。

リーダーが取るべきアクション

1. 事前に「真に答えるべき問題（問い）の設定」をメンバー間で徹底する
2. 多々ある情報の階層化を行い、会議において伝えるべきキラーメッセージが何なのかを事前に明確にする

⑦オーナーシップ・一人称思考が持てない壁

▼シーン7：プロジェクトを終えた食事の席で

結局、最終ミーティング後もさらに3か月程度の時間を追加で要して、何度もチームミーティングを繰り返す。役員の厳しい質問にも向き合いながら次期中期経営計画が完成

した。当初6か月で発表にこぎつける計画が9か月を要して発表することとなった。

S課長は自社がなぜこんなに早くから中期経営計画の策定に着手するのかの理由がわかった気がした。そんな時、以前から交流のあったコンサルタントと食事をしながら今回の苦労話をした際に予想もしなかった質問を受けた。

「役員や経営企画室長はどういう戦略案を示してくれました?」

「彼らは何が最重要問題で、どうすべきだと思っていました?」

こう聞かれたS課長は「役員や室長にはいつもアドバイスをもらって、検討の甘さや不足どころを指摘していただきながら検討を深めて行ったので、随所にアドバイスをもらうという形ですかね」と答える。これを聞いたコンサルタントは、

「それは当然として、誰かが検討した内容にコメントするのは誰にでもできることであって、白紙の状態にあっても自らの考えや意見、みなさんの検討方針を助けるような考えの提示はありましたか?」

S課長はそれを聞いて、「さすがにそんな意見を求めることは勇気がいるけれど、実際プロジェクト開始早々にオーナーや室長自身の戦略案（初期的な仮説）が聞けていればもっと効率的に進んだだろうな…」と内心思わずにはいられなかった。

壁の本質

「限られた時間の中で最適な解を導くため、リーダー自らゴール仮説から始める問題解決アプローチを先陣切って実践していくべきである」という意識の根本的欠如。当然、ゴール仮説もなければ分解された個別の論点（検証ポイント）の定義もないため、会議も「仮説⇅論点検証」型の議論とならず、さまざまな意見や指示に向き合いが求められ、負荷後傾型で膨大な時間の浪費が発生した。

リーダーが取るべきアクション

1. 自ら「ゴール仮説から始める問題解決アプローチ」で問題解決を行っていくという強い意識の保持
2. 自身の責任として課された問題においては、「ゴール仮説の構築」は自らがリードしていく覚悟と行動を率先し、最初から負荷前傾型の向き合いをしっかりとリードする

以上、7つのシーンを流れの中でご紹介したが、これらは決して作り話ではなく、このどれもが実際に私がコンサルタントとして目にしてきた実例である。

いずれのシーンにあっても、壁が生じてしまう主たる要因こそが「ゴール仮説から始める問題解決アプローチ」を知らない。理解していない。あるいは知っていても、実践・発動できるレベルまで消化できていないという点にある。

与えられた問題によって、塞がってしまった現状を突破できない。突破しようにもそのやり方がわからず迷い、悩み、突破することすら最初から諦める…。程度の差こそ違えども、きっとみなさんの日常のビジネスシーンに当てはめても近しい状況が想起できるのではないだろうか。

こうした各シーンに発生する壁を取り除いていくこと、そのための「突破力」を身につけることが今、求められているのである。

限られた時間の中で、いかに早くスムーズに、問題を打破するか。

限られた時間の中で、いかに早くスムーズに、困難な状況を突破するか。

時間が無限に与えられ、相談できる人が無限に与えられるのであれば、いつか困難な状況からは抜け出せるであろう。

問題は、リソースとして解決に与えられる時間も人も、昔と比べものにならないほど制約を受けており、その中で複雑化する問題を打破しなければならないという点にあるのだ。

第2章

ゴール仮説から始める
問題解決アプローチ

なぜ「ゴール仮説」が重要なのか

みなさんは問題に直面した時、何から始めようとするだろうか。問われている「問い」をしっかりと確認するのは問題解決の第一歩であるが、ここで考えたいのはその次である。

- 関連情報の収集に早々にとりかかる
- 検討に必要なメンバーの組成を始める
- 作業計画やスケジュールを具体化する

どれも必要なアクションではあるが、まず、検討当初にゴールの姿をいかに早く描き、メンバー全員が目指すべきゴールを共有する「ゴール仮説の構築作業」に着手したい。

問いに直面した際、「私はこの問いに対する結論はこうだと思うな」とか、解決手段を求められているなら「私ならこういう手段が解決策だと思うな」「きっとその問題に対してはこういう方策が効くはずだな」というように、ゴールイメージ（これをゴール仮説と名づけている）を早々に持つことが必要なのだ。

ゴール仮説から始める問題解決アプローチとは、問いの設定から、ゴールイメージの検討を早々に始め、ゴールと現状とのギャップを明らかにしながら仮説検証型でゴールの質を磨き上げていく方法を指す。（次ページ図3）

最初はあくまでもゴールの初期的な仮説でよい。リーダーは初めから誰もが納得し、最後まで変わることがないような明確な答えを持っている必要はない。

しかし、うっすらなりにも仮説があるからこそ、その後突き詰めて検証していくべき「論点」（仮説の検証を行う上で対象となるポイント）が明確になり、どのような情報を集め、どのような検証作業を行えばよいかの方針が見えてくる。

実際には、「ゴール仮説」と、そこから導き出される「個別の論点」はループしながら明確になっていくものである。そこで議論を尽くし、ゴールが相応に見えるからこそ、その後の情報収集や調査・分析が明確な検証目的を持って進められる。当然、論点の検証を経た後に「ゴール仮説」そのものの見直しが起こることも稀ではない。

それでも、ゴール仮説から始めて、検証すべき論点を明らかにした上で、作業の照準を絞って進めていくアプローチの方が圧倒的に効率的なのである。

図3　ゴール仮説から始める問題解決アプローチ

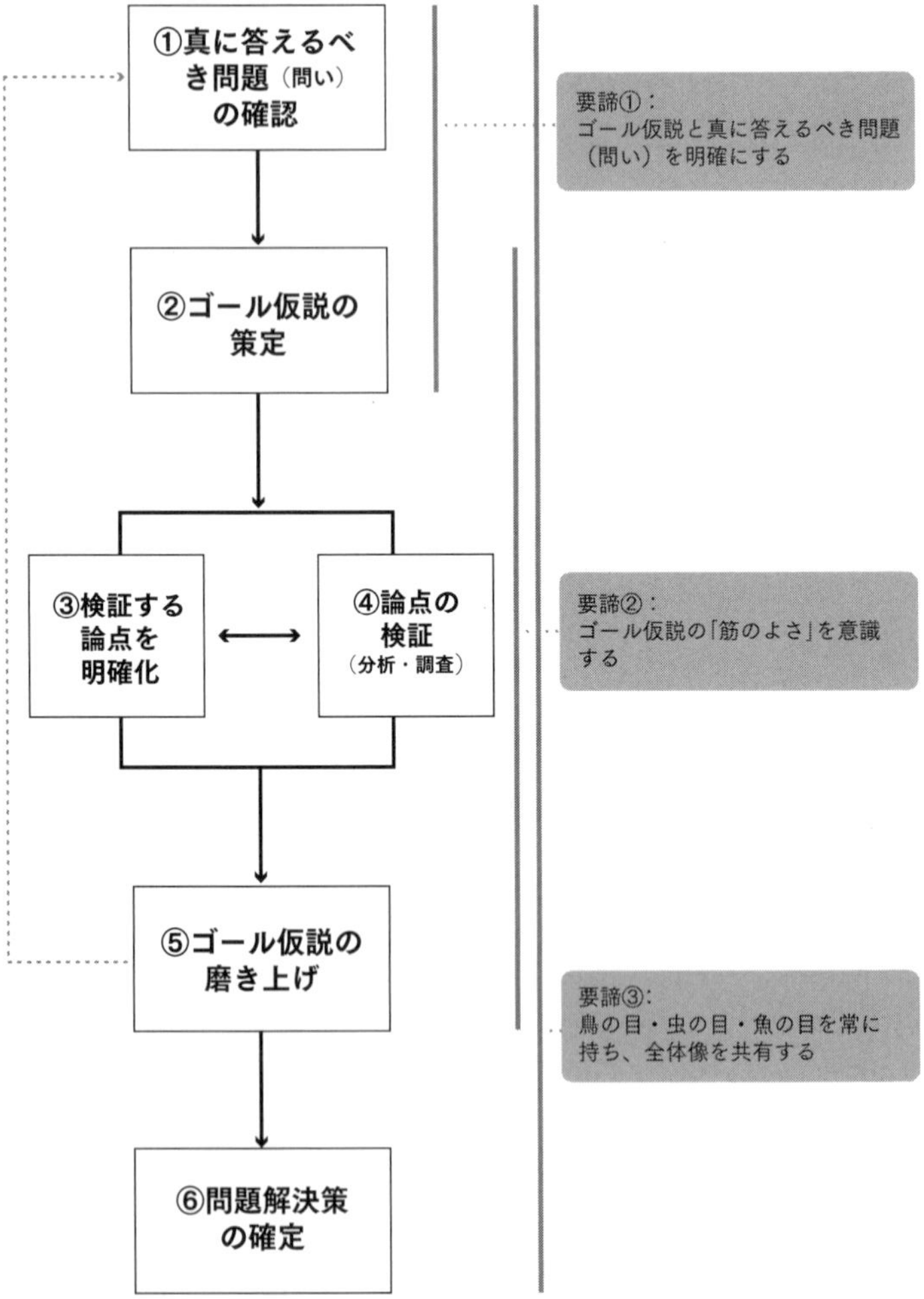
①真に答えるべき問題（問い）の確認
②ゴール仮説の策定
③検証する論点を明確化
④論点の検証（分析・調査）
⑤ゴール仮説の磨き上げ
⑥問題解決策の確定
要諦①：ゴール仮説と真に答えるべき問題（問い）を明確にする
要諦②：ゴール仮説の「筋のよさ」を意識する
要諦③：鳥の目・虫の目・魚の目を常に持ち、全体像を共有する

われわれコンサルタントが問題解決のための基礎スキル、言い方を変えると価値を生み出す源泉として若いうちに徹底的に鍛えられている事実がその有効性を証明している。問題解決で求められるのは、100%の正しい答えを出すことではなく、確からしい答えの仮説を早く立て、それを検証していきながら問題に対する解決策をチューンナップしていくスキルである。例えば、次に紹介する簡単な例でイメージを深めてもらいたい。

「われわれの製品を今後3年間どの国に展開していけばよいか」という問いを与えられた時、「おそらく、インドネシアとベトナムの2か国に絞って市場投入していくのが最も投資対効果が高いだろうな」と自分なりのゴール仮説を持てているか。

「君のチームは残業が多すぎるので、抜本的に働き方を変える施策を考えてくれ」と言われた際、「A部署からの依頼業務が非常に属人的で非効率の大半を占めているので、簡単なクラウドソリューションを導入して、人の手を介する業務を現状の8割減まで持っていくのが一番よい方策ではないか」というゴール仮説を、すぐに考えようとしているか。

多くの日本企業で行われるのは、問題に対して関係しそうな知識や経験を有している人、業務内容に詳しい人を一同に集め、会議や議論を繰り返しながら解決策を導き出すアプローチであろう。

この方法と、ゴール仮説から始める問題解決アプローチはどう違うのか。シンプルに言えば問題検討の早い段階からゴール仮説が描けると、次にやるべきアクションがよりクリアになる。チームメンバーに「何をさせればよいか」「何をしてもらいたいか」がより明確に見えてくるのである。先のケースで行くと、リーダーがゴール仮説を有していた場合は、以下のような指示が降りるだろう。

――「インドネシアとベトナムにおける、われわれ商品のターゲット顧客層が世界中のどの国よりも成長著しい。おそらく2・5倍から3倍の違いがあるはずなので、調べてみてくれないか」

――「A部署の業務のプロセスのうち、近年生み出されているクラウドソリューションで、工数ゼロ化できる業務が70%ぐらい占めているはずであり、それが正しいかどうか、業務を確認してくれないか」

指示された側も、作業のポイントがクリアになり、次に行われるチーム討議においても以下のような的を射た討議が行われる。

——「ここ2年間の欧米各国と東南アジア諸国のターゲット層の所得成長率を調べたところ、ベトナムを含めた他の東南アジア各国は、依然まだ1・1倍程度しか伸びていませんでしたが、インドネシアはすでに2・5倍の成長を示しており、インドネシアは今後の最優先ターゲットになりそうです」

——「クイックな調査ですが、A部署との向き合い業務は当部門の全体工数の68%を占めていて、そのほとんどが納品状況の問い合わせ業務であることがわかりました。仰るとおりタイムリーな納品ステータスを照会できるクラウドソリューションが二つほど出回っており、問い合わせてみた所見として、業務の7割は自動化できそうです」

一方、ゴールの初期的な仮説がない、あるいは曖昧なまま作業が始まった場合はどうであろうか?

——「まずは全世界の市場成長率を調べてみてくれ」
——「一旦、われわれの業務調査を漏らすことなく実施してみてくれ」

といった指示がメンバーに下され、アクションが走り始める。そして膨大な時間をかけてメンバーがリーダーのリクエストになんとか的外れとならないように答えるべく、広く情報を集めにかかるだろう。

次の会議の直前まで、「あれを聞かれたらどうしよう」という不安がつきまとい、結果ギリギリまで情報の収集や準備に時間を割く。直上の先輩に「この情報を持って今週の会議に臨もうと思うのですが十分ですかね?」「そうだな、念のため、あれも用意しておいたほうがいいぞ」といった会話が当然のごとくチームメンバー内で交わされる。

読者のみなさんの周りにもこうした光景がたくさんあるのではないだろうか。

さまざまな情報を持ち寄って、何度も会議を繰り返すものの、一向に検討が前進しない、それどころか何度も何度も手戻りが発生する。いつもどこか曖昧な議論がなされ、一生懸命集め調べた情報が意思決定に寄与したのかどうかもわからないまま会議が終わっていく。

しかも「検証する」という思考で議論が進まないため、その時点でのＹＥＳ／ＮＯが議論されず、曖昧なまま作業の継続が指示されたり、別の作業が積み重ねられて増幅していく。出口が見えるまでこのような作業を繰り返してはいないだろうか。

すべては、でき上がりのゴールの姿、つまり「ゴール仮説」がないために、検証すべきポイント（論点）も見えておらず、調査の深さにどのようなメリハリをつければよいのか。何に力点を置けばよいのかが個人の解釈によって大きく振れてしまうことに起因している。「ゴール仮説から始める問題解決アプローチ」（次ページ図４－１）に対して、私はこのアプローチを「現状分析偏重アプローチ」（55ページ図４－２）と呼んでいる。

こうした「現状分析偏重アプローチ」でチームをリードしていった場合、チームメンバー総和での作業の振れ幅、議論の振れ幅は相当量になり、ゴールに辿り着くまでに相当のムダな時間を費やすことになる。右に左に大きく振れながらそのうちゴールは見えてくるかもしれないが、見えないゴールを見落とすまいとして、なるべく大きく振り子を振って進んで行こうとするために、チーム全体の「考える時間」はますます増幅してしまう。これが「考える時間」にムダを増幅する根源なのだ。とにかく情報を広く集めて分析していけば解決策が見えてくるはずだという発想は捨てるべきである。

図 4-1　ゴール仮説から始める問題解決アプローチ（負荷前傾型）

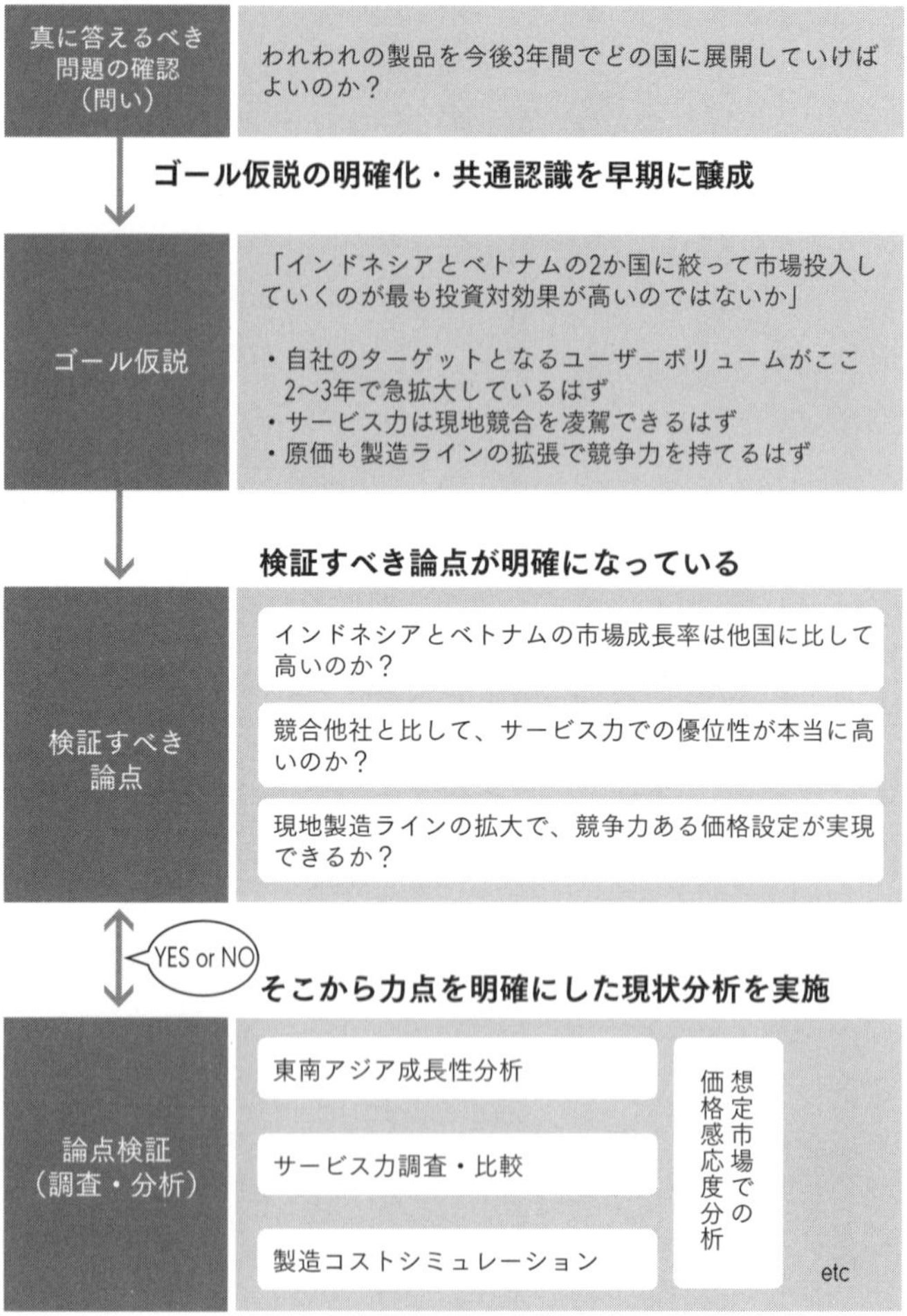
真に答えるべき問題の確認（問い）
われわれの製品を今後3年間でどの国に展開していけばよいのか？
ゴール仮説の明確化・共通認識を早期に醸成
ゴール仮説
「インドネシアとベトナムの2か国に絞って市場投入していくのが最も投資対効果が高いのではないか」
・自社のターゲットとなるユーザーボリュームがここ2〜3年で急拡大しているはず
・サービス力は現地競合を凌駕できるはず
・原価も製造ラインの拡張で競争力を持てるはず
検証すべき論点が明確になっている
検証すべき論点
インドネシアとベトナムの市場成長率は他国に比して高いのか？
競合他社と比して、サービス力での優位性が本当に高いのか？
現地製造ラインの拡大で、競争力ある価格設定が実現できるか？
YES or NO
そこから力点を明確にした現状分析を実施
論点検証（調査・分析）
東南アジア成長性分析
サービス力調査・比較
製造コストシミュレーション
想定市場での価格感応度分析
etc

図 4-2　現状分析偏重アプローチ（負荷後傾型）

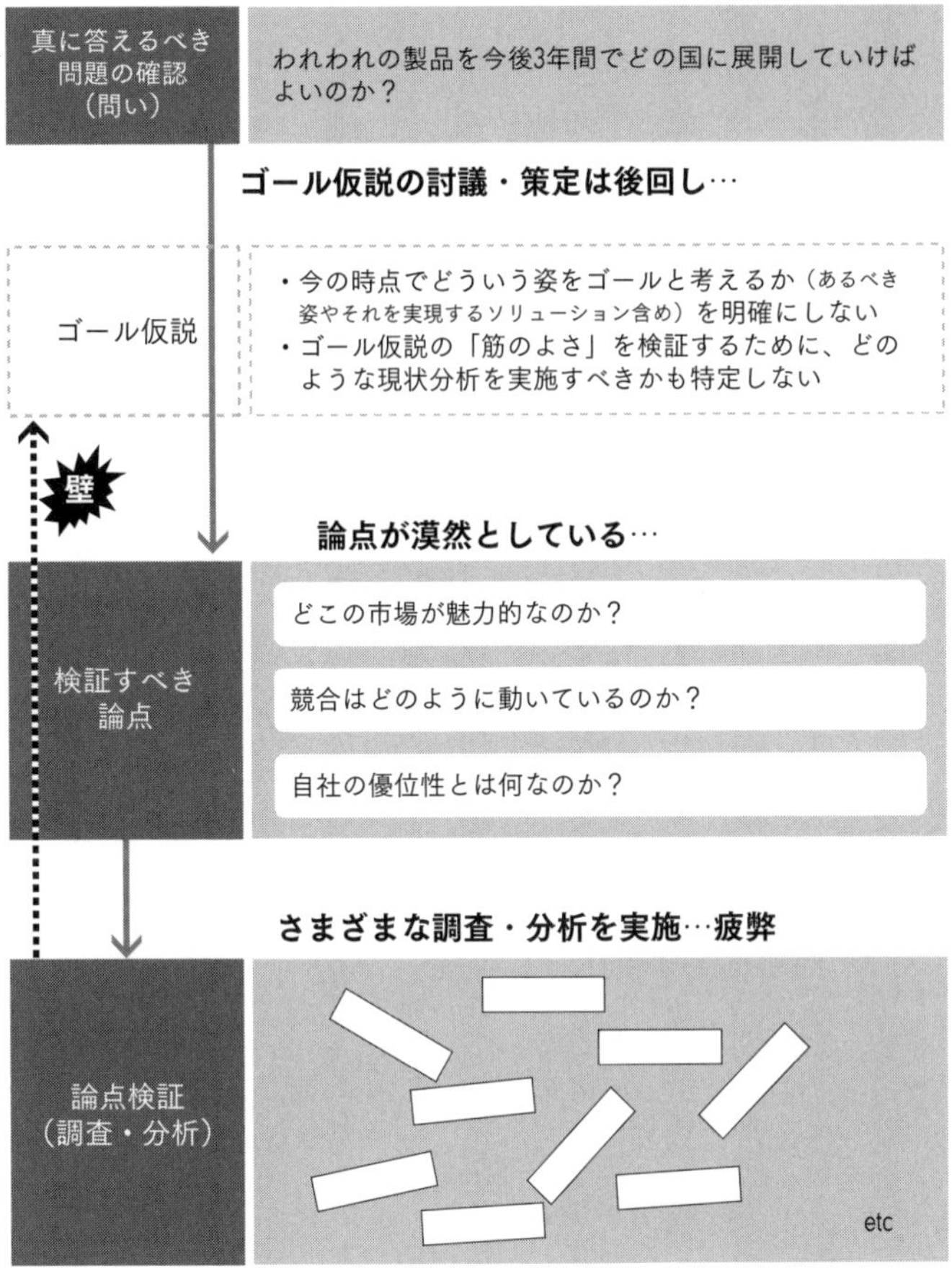
真に答えるべき問題の確認（問い）
われわれの製品を今後3年間でどの国に展開していけばよいのか？
ゴール仮説の討議・策定は後回し…
ゴール仮説
・今の時点でどういう姿をゴールと考えるか（あるべき姿やそれを実現するソリューション含め）を明確にしない
・ゴール仮説の「筋のよさ」を検証するために、どのような現状分析を実施すべきかも特定しない
壁
論点が漠然としている…
検証すべき論点
どこの市場が魅力的なのか？
競合はどのように動いているのか？
自社の優位性とは何なのか？
さまざまな調査・分析を実施…疲弊
論点検証（調査・分析）
etc

入社研修以来教えられた「作業に入る前に目的を確認しろ」「自分の作業は何のためにやっているのか、いつも意識しながら仕事に取り組め」など口酸っぱく教えられてきた方々も多いだろうし、日常業務において、今も意識していることと思う。

「今月中にこの仕事を終わらせます」

「今日は積み残ったこの作業を完成させたいと思います」

「今日はこの宿題に対する自分なりの仮説を作りたいと思います」

「今日の会議では方向性を固めたいと思います」

「この時間でみんながどのように思っているかをしっかりヒアリングしたいと思います」

こうした「作業目的」や「作業のゴール」を設定するのは難しくもないし、それは当然の基本動作としてすでに遂行していることだろう。

問題解決においても原理原則は全く同じである。部下をとまどわせたり、迷走させたり、非効率な作業を生じさせないためには、ゴールをいち早く示し、「ゴール仮説」を共通目的として設定することが重要なのである。

チームメンバー全員で、これから生み出そうとするゴール仮説（≒成果物）のイメージを最大限共有化し、必要な作業をクリアに理解する。その上で、それぞれの作業に優先度をつけて当たっていく。そうしたチームリーディングができるように、リーダーは自身の中で少しでも早く、より具体的にゴール仮説を描くことにこだわっているか。ゴール仮説を描くことを曖昧にしたまま作業を指示したり、開始したりしていないか。そこを今一度、ご自身に問うてみていただきたい。

ゴールのでき上がりの姿（仮説）に基づいて、それを検証するために「何をどうすべきか」ということを考えながらチーム全体の業務設計・指示出しを行う場合と、最後にどのようなゴール・成果物になるかはわからないが、とりあえず何か役立ちそうな作業を指示し、メンバーを目先の作業に従事させる場合とでは、チーム全体の生産性が大きく異なる。

メンバー間で共有された「ゴールのでき姿」が仮だとしても、現状分析やギャップの抽出、そこから方策の見極めを進めていくアプローチを採ることで、検討作業全体の生産性は大きく変わってくる。

チーム全員のパフォーマンスを高めていく使命を背負っているチームリーダーにとって、ゴール仮説から始める問題解決アプローチは、考える時間のムダを極小化し、問題解決作業の精度・効率性を大きく向上させる武器として必須のコアスキルなのである。

ゴール仮説から始める問題解決アプローチの実践に向けた三つの要諦

ここまでの話を含めて改めて言うと、ゴール仮説から始める問題解決アプローチを確実に実践していくには、三つの要諦が存在する。この三つの要諦を押さえずして、何となくこのアプローチを実践しようとしても成功しない、そうした「陥りやすいワナ」とも言えるポイントである。

要諦1　ゴール仮説と真に答えるべき問題（問い）を明確にする

一つ目はあるべき姿、つまりゴール仮説の設定に徹底的にこだわることである。効率的な進め方というのは「負荷前傾型」であるべきだ。難しい局面や悩み考えることを後回しにすればするほど（負荷後傾型）、結局、意味のない前作業が増幅し、トータルで見れば大きく生産性を低下させてしまう。

だからこそ、いかに難しくともまずはゴール仮説の策定にしっかりと向き合ってチーム全員のリソースと知恵を結集させることが何にも増して重要である。

「ゴール仮説」を的外れにしないためには、作業の前段において「真に答えるべき問題＝問い」がずれていないかを徹底的にチェックする基本動作も怠ってはならない。これは簡単なように思えるが、実は軽く考えると陥りやすいワナであるため、問題解決の最初の作業として注意しておく必要がある。

要諦2　ゴール仮説の「筋のよさ」を意識する

「ゴール仮説」を早期に作り出すことに加え、それが的外れな仮説であっては意味がない。何が問題なのか。なぜそのような問題が生じているのか。なぜ今までそれが解決されてこなかったのかといった深い問題点の考察から始まり、今、想定している解決策が本当にそれらの問題点を克服できるものか。過去に塵《ちり》と消えて行った数多《あまた》の解決策と同じ案に留まっていないかということの確認が大事である。

そうした「当たり前」や「過去の焼き直し」といった見当違いのゴール仮説に留まってしまっていては、その後いくら検証作業を深めてゴール仮説を磨き上げて行ったとしても突破力のない解決策ができ上がるのは自明である。

新規性があり、実現可能性も十分に備えているという筋のよいゴール仮説になっているかどうかを常に意識して自身に問い続ける姿勢が大切になってくる。

「筋のよさ」というのは初期のゴール仮説策定時において非常に重要な視点であるだけでなく、その後の検証結果を経て、最終解決策を確定させていく作業においても、終始、確認していく意識が大切になる。

初期のゴール仮説の段階において、非常に斬新な解決策を意気揚々と掲げていたはずなのに、その後の検証作業や関係各所との議論を重ねていくうち、角が取れてしまい、全くもって問題の抜本的解決や難所突破につながらないような解決策に萎縮してしまうというシーンを多くのクライアントプロジェクトで目にしてきた。

仮説検証を繰り返しながら、常に「筋のよさ」にこだわる意識が大切なのである。

要諦3 ― 鳥の目・虫の目・魚《さかな》の目を常に持ち、全体像を共有する

最後に三つ目の原則は、口頭で済ませるのではなく常に絵に表し、文字に記して、視覚的なアプローチでチームメンバー間の認識の齟齬《そご》を極小化することである。

人間は伝えたつもりでも、実は伝わっていないことが多い。

さらに、時間が経つにつれ、会社や組織、そして個々のメンバーが置かれているビジネス環境やさまざまな情報接触の中で（検討テーマに関係ない業務の情報など）、当初意図していたイメージが徐々に個々人でずれて来てしまうことも稀ではない。

故に、時間の経過や個々人の環境変化が起ころうとも、立ち戻って共通のイメージが瞬時に共有できるような視覚化された検討全体像や作業設計図がとても重要になるのである。

ゴール仮説から始める問題解決アプローチを確実に実践していくためには、これら三つの要諦をリーダーが心にしっかりと留めて率先垂範していくことが必要となる。

ここに記した要諦1と2は、問題解決の作業の流れに応じて発現すべきものであるため、一つ目のゴール仮説の策定作業と二つ目の原則が関連していることはご理解いただけるであろう。

詳細は後段で述べるが、ゴール仮説を作る際に「深く」考え抜くことが、ゴール仮説の筋のよし悪しに影響を及ぼすことは、ご想像どおりである。

要諦3はゴール仮説から始める問題解決アプローチの全般にわたって求められる原則ではあるが、より作業前半で曖昧模糊《あいまいもこ》としがちな「ゴール仮説の姿」や「検証すべき論点の全体構造」などを考察、議論、検討する場面において、常に絵にしてメンバーにわかりやすい姿をイメージさせることにこだわっていただきたい。

第3章

ゴール仮説と、真に答えるべき問題を明確にする

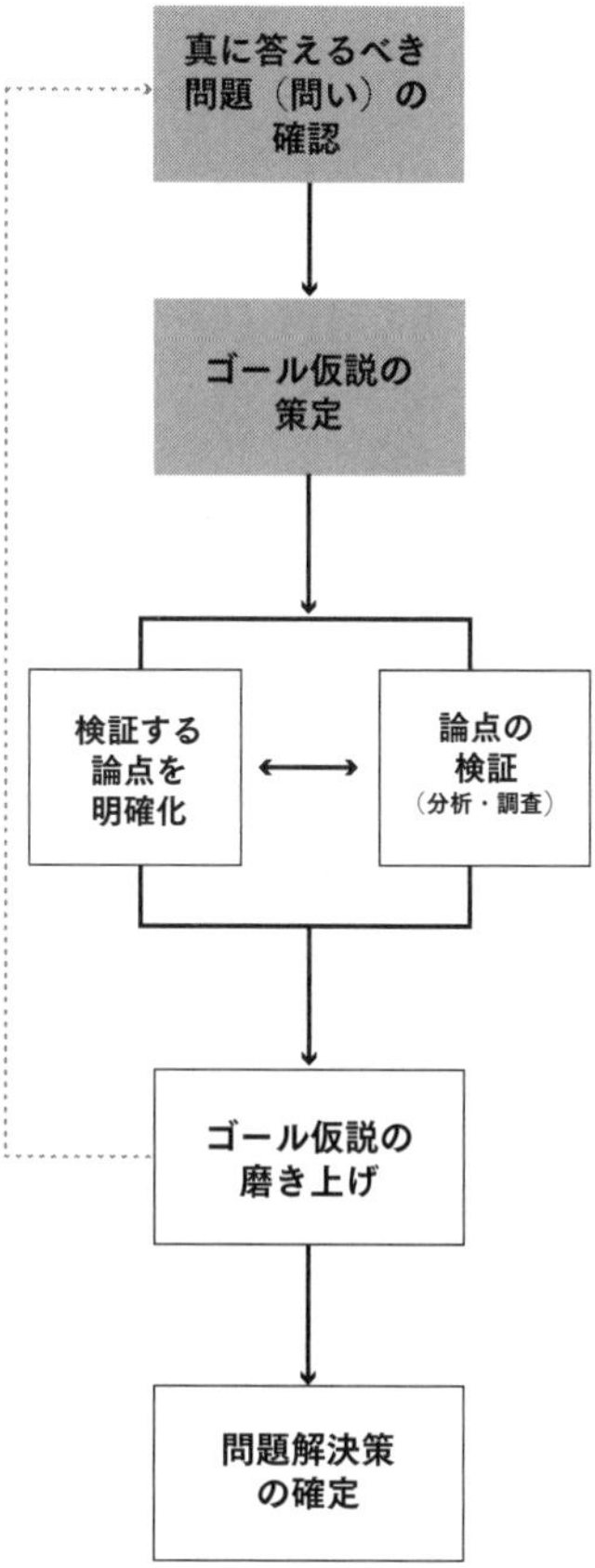

要諦1　ゴール仮説と真に答えるべき問題（問い）を明確にする

ゴール仮説を持つことの重要性や、チームの生産性に対する貢献度は既に述べてきたとおりである。ここでは、どのようにゴール仮説を作り上げるかの手順を解説していこう。

限られた時間の中で、クライアントの期待を上回る成果物を生み出すことを命題とするわれわれコンサルタントの世界では、

- 最終的にどういう姿に持っていきたいのか
- どの程度のスピードとインパクトのある変革を狙うのか
- 具体的にどういう姿になるか

といったゴール仮説を、プロジェクト開始早々から徹底的に議論する。検討の入口の段階から出口の形を徹底的に議論するのである。

具体的にはプロジェクトに責任を持つパートナー（コンサルティングファームの共同経営者）

を筆頭に、マネジャーと呼ばれる現場リーダーやテーマに詳しいエキスパート数名が部屋に集まって、1回当たり2～3時間×3～4回の討議を繰り返してゴール仮説を描き出す。遅くとも検討テーマが設定されてから2週間以内には、ゴール仮説の構築作業を一とおり終えなければ後々の作業工程に影響が出るため、標準的には1週間強で終えているスピード感である。

この、検討の入口で実施する議論を、「ゴールディスカッション」と呼んでいる。

そもそも真に答えるべき問題（問い）の設定がまちがっていたり、ずれていたりすると、作り上げた「ゴール仮説」は、「真に答えるべき問題＝問い」の解決策となり得ず、作業の根本からのやり直し（手戻り）が発生してしまう。

- 自分が答えるべき「問い」とは何なのか
- ゴールディスカッションでチーム全員が議論すべき「問い」とは何なのか

「本当にまちがっていないか。その『問い』はわれわれが真に答えるべき問題としてまちがいないか」と何度も何度も自分自身に問いかけるのである。

この「問い＝真に答えるべき問題の設定」を安易に考えてはならないことを示すため、いくつか簡単な実シーンで説明する。

某大手企業の業務改革プロジェクトのミーティングにアドバイザーとして呼ばれた時の話である。

1週間前の打ち合わせで「まずは現状の問題調査をクイックにやってから、問題解決に向けた進め方を決めよう」ということになり、調査を終えた1週間後のミーティングで発表者は下のとおり説明した。（図5）

内容を見て違和感を感じないだろうか。

本来彼がこの場で答えるべき「問い＝真に答えるべき問題」とは、「判明した問題の

図5　クライアントミーティングの内容

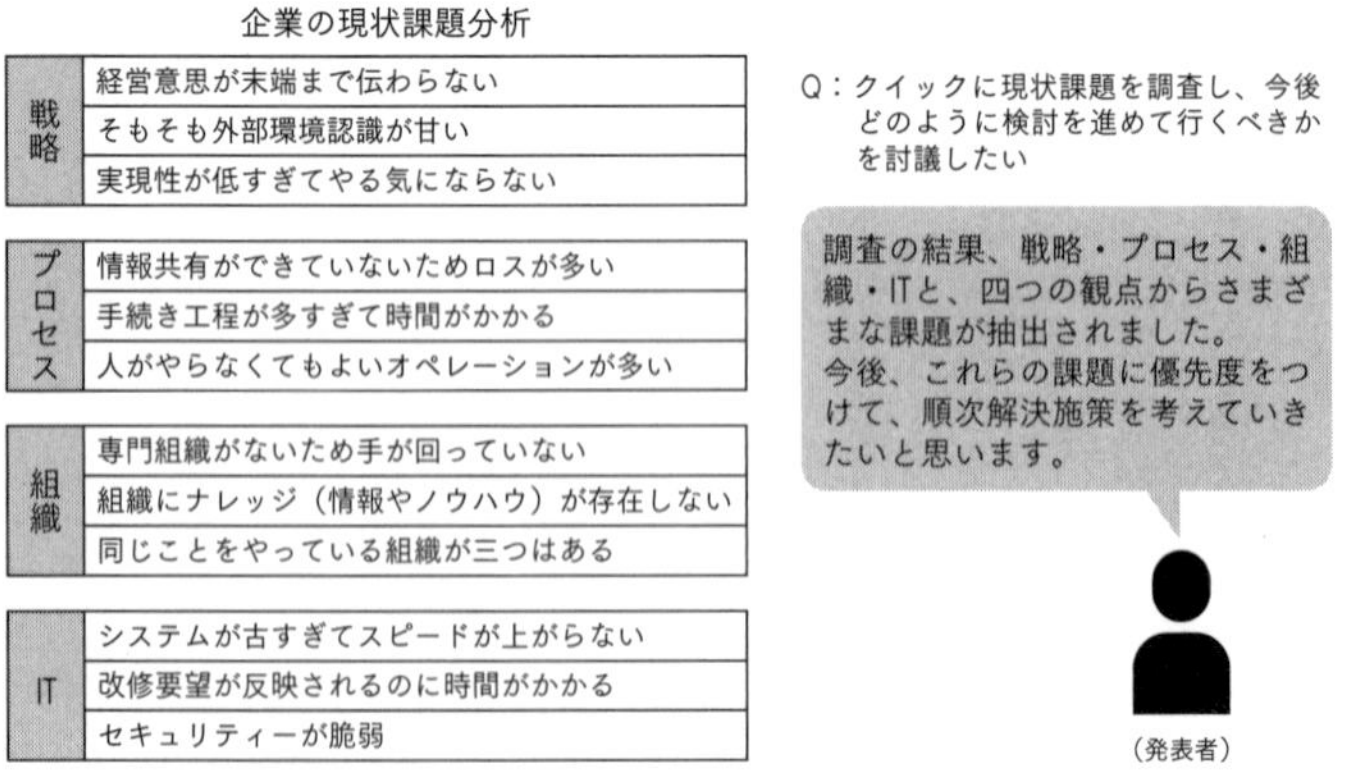

企業の現状課題分析
戦略
経営意思が末端まで伝わらない
そもそも外部環境認識が甘い
実現性が低すぎてやる気にならない
プロセス
情報共有ができていないためロスが多い
手続き工程が多すぎて時間がかかる
人がやらなくてもよいオペレーションが多い
組織
専門組織がないため手が回っていない
組織にナレッジ（情報やノウハウ）が存在しない
同じことをやっている組織が三つはある
IT
システムが古すぎてスピードが上がらない
改修要望が反映されるのに時間がかかる
セキュリティーが脆弱
Q：クイックに現状課題を調査し、今後どのように検討を進めて行くべきかを討議したい
調査の結果、戦略・プロセス・組織・ITと、四つの観点からさまざまな課題が抽出されました。
今後、これらの課題に優先度をつけて、順次解決施策を考えていきたいと思います。
（発表者）

内容に応じて、今後どのように進めていくべきか」ということである。「答えているではないか」と思われた読者も少なくないかもしれない。しかし、本当に答えているだろうか。

本来彼が真に答えるべき問題（問い）は、

Q1　どこに、どのような問題が内在していたのか。
Q2　特に重要な優先問題は何なのか。
Q3　その問題を踏まえて、どのように進めていくべきか。

である。彼がこの説明で答えたことは、

Q1　問題の量は多かったか。さまざまであったか。
Q2　それを受けて今後何をするのか。

に留まっており、本来、聞き手が真に答えてもらいたい問題に十分に答えていない。当然、聞き手からは、

「さまざまな問題って具体的には何なの？」

「重要な優先問題って何なの？」

「今日にでも対応しなければならない緊急問題はなかったの。大丈夫？」

と矢継ぎ早に質問が飛ぶ形となり、それに答える準備が十分にできていないため、その対応に追加の時間が発生してしまう結果になるのである。


もう一つ別の実例をご紹介しよう。

某企業で新商品の開発を進めていて、そのテストマーケティングを行おうとしている局面である。その実施可否の承認を事業部長に答申する場でのこと。発表者である女性課長の説明は以下である。


「来春より市場投入したいと考えている、新商品のテストマーケティングを、向こう3か月実施したいと思います。

テストマーケティングを通して、製品価格に対する市場の反応を確認するとともに、販売代理店と協働して、彼らの反応もしっかりと確認したいと思います。
テストマーケティングの費用としては5000万円が必要となりますが、ご承認をお願いします」

果たして聞き手が真に答えてもらいたい問題に答えているだろうか。本来、彼女が答えるべき問いは、

Q1　何のためにテストマーケティングをやるのか。本当に必要なのか。
Q2　何が検証されれば、新商品の本格導入可（不可）と判断するのか。
Q3　そのためにテストマーケティングで何を検証するのか。その判定基準は。
Q4　実行計画と必要予算はいくらなのか。

である。しかし彼女の説明から推察するに、一番肝心なQ2がストンと落ちていることにお気づきだろうか。
結果、Q1、Q3ともに聞きたい核心にふれておらず、追加の作業・手戻りが発生する

結果となったのである。

「真に答えるべき問題」を「問い」として正しく設定するのは、実はそんなに簡単なことではない。そこを軽んじたまま作業に突入すると、往々にして手戻りを発生させてしまう。

さらに、もっと簡単な例で説明しよう。クライアント企業の若手リーダー向けに行う研修テーマにおいて「新規事業を考えよう」という問いを投げることがある。

その後のチーム討議において、いきなり事業案を討議し始める人が半数以上を占める傾向があるが、その前に自分達が「真に答えるべき問題(問い)」は何なのか。全員が明確に一致しているかの確認から入るべきである。

「5年後に20億円の売上をもたらす事業」が求められているのか、「3年後に100億円の売上」なのかによって解決策も検討のスピードも大きく異なってくるからだ。

聞けば当たり前のように思えるかも知れないが、実際の現場では本当にこの「真に答えるべき問題(問い)」を軽んじて先に進んでしまい、手戻りが生じているシーンは随所に発生している。

多くのクライアント内ミーティングに呼ばれた際も、随所に「問いのずれ」が生じている事態を目にする。実は、油断しているとずれやすいポイントであり、いかなるディスカッションに入る際にも、まず最初に丁寧に向き合うべき手順であることを強く肝に銘じておきたい。

ゴール仮説を議論するのも、この「問い＝真に答えるべき問題」が全員で一致していることを確認した後にである。

「問い＝真に答えるべき問題」の確認を終えた後に、いよいよゴールディスカッションに突入していく。

ゴールディスカッションとは

ゴールディスカッションは、あくまでも目的が「ゴール仮説」を作り上げる討議になる。

そのため、各自に多少の下調べ情報はあるものの、個別の仮説に対する論拠について精査したものではなく、いわば「仮説の集合体」というレベルである。そのレベル感でメンバーで議論を重ね、「ゴール仮説」ができ上がる。

この段階では「本当にこのゴール仮説でよいのか」という議論を何度も繰り返すが、ここでの議論は、チームでゴールイメージを仮説レベルで議論していくディスカッションと捉えられるものである。

では、ゴールディスカッションとはどういうもので、どう進めていくのか。具体的な流れと押さえるべき要点を紹

図6　ゴールディスカッション

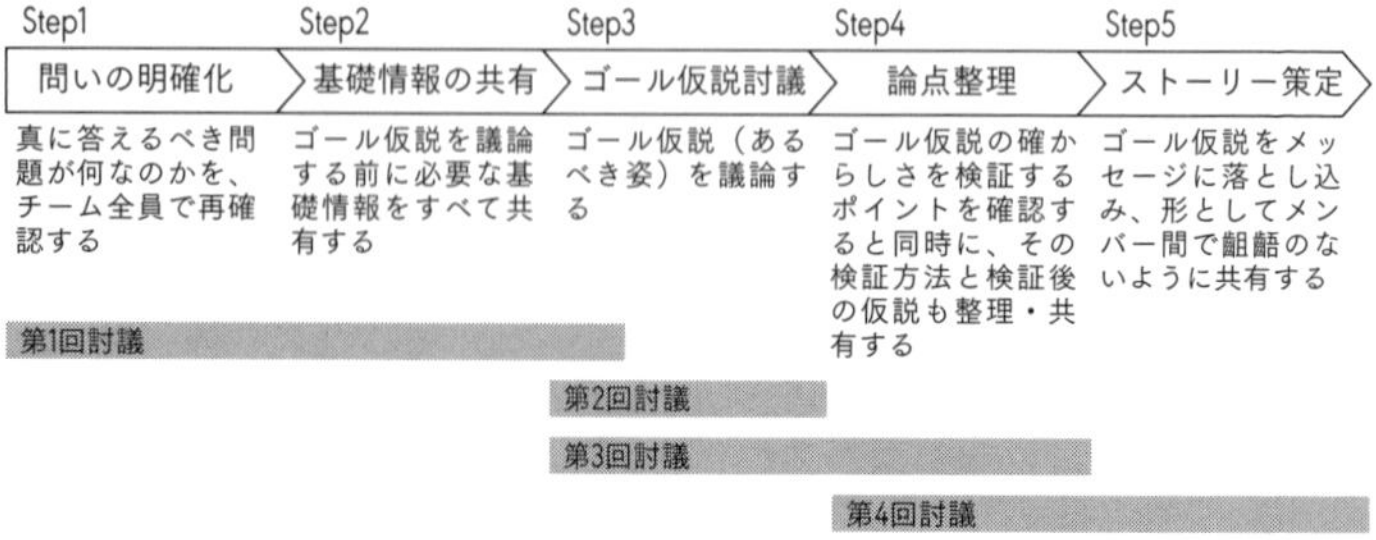

Step1
問いの明確化
真に答えるべき問題が何なのかを、チーム全員で再確認する
Step2
基礎情報の共有
ゴール仮説を議論する前に必要な基礎情報をすべて共有する
Step3
ゴール仮説討議
ゴール仮説（あるべき姿）を議論する
Step4
論点整理
ゴール仮説の確からしさを検証するポイントを確認すると同時に、その検証方法と検証後の仮説も整理・共有する
Step5
ストーリー策定
ゴール仮説をメッセージに落とし込み、形としてメンバー間で齟齬のないように共有する
第1回討議
第2回討議
第3回討議
第4回討議

介していこう。ゴールディスカッションは、以下、五つのＳｔｅｐで実施する。（図6）

Step1 真に答えるべき問題（問い）の明確化
Step2 基礎情報の共有
Step3 各人のゴール仮説の討議とチーム案策定
Step4 検証ポイントと方法の明確化（論点整理）
Step5 ストーリーへの落とし込み

1週間の間にゴール仮説を作り上げることを目指し、2時間×4回ほどのチームミーティングをイメージして具体的な手順を解説する。おおよそ以下のような流れで進めていく。

1回目 Ｓｔｅｐ1・Ｓｔｅｐ2＋Ｓｔｅｐ3頭出し
2回目 Ｓｔｅｐ3の本格討議
3回目 Ｓｔｅｐ3の最終確認とＳｔｅｐ4の討議
4回目 Ｓｔｅｐ4の最終確認とＳｔｅｐ5の共有

1回目の討議

1回目の討議においては、ゴール仮説の討議に入る前に、まずは「チームが真に答えるべき問題(問い)が何であるのか」を再度チームメンバー間で確認する作業から入る。

これが各人バラバラのままでは、その後のゴール仮説の議論が噛み合わないことは自明であるため、しつこいまでに「真に答えるべき問題(問い)はこれで合っているか」をメンバー間で確認することを忘れてはならない。

その上で、「問い」に答えるために、ゴール仮説を議論するに当たって必要な最低限の基礎情報が何なのかを討議し、確認する。

われわれコンサルタントの場合は、「会社の基礎情報(Webサイトで誰でも得られるような情報)」や「依頼元の部署がすでに保持している情報」、そして「同様の問題に関わるような外部情報や過去に類似したプロジェクトの成功事例」といった情報がそれに当たるが、2回目以降のミーティングにて「ゴール仮説」の議論をするために、最低限押さえておくべき情報をこの段階で確認する。

2回目の討議までに定義した基礎情報をクイックに集めて、一読し、自分なりのゴール仮説を組み立てて2回目のチーム討議に臨む。

2回目の討議

2回目の討議が一番白熱するのは必至である。むしろリーダーは白熱するようにうまくファシリテートすることが望ましい。

相応に時間をかけて基礎情報や周辺情報に目を通し、自分なりに考えを持ってミーティングに臨むメンバーのアイデアをうまく整理・検討して、チームの知恵として昇華させられるか。リーダーとしての力量が最も問われるミーティングである。

この検討が1回で終わることは稀で、往々にして再度ミーティングを行うことのほうが多い。正直、2、3回繰り返すのが実態である。むしろ、一旦、間《ま》を空けることにより、フレッシュな頭で仮説案のよし悪しを見直せる機会にもなるため、複数回の議論をもってゴール仮説を固めるほうがよりよいものにできる。

言わずもがな、準備が肝心である。ゴールディスカッションを行うその場で考えていては、会議時間がいくらあっても間に合わない。

事前に各Stepの中身に関する自分なりの見解を用意してからディスカッションに臨むのがルールであり、プロフェッショナルな習慣としてチームメンバーに徹底させたい。

われわれもパートナーを筆頭に、マネジャーや若手コンサルタントといったチームメンバー全員でゴールディスカッションを行うと、どうしても若いスタッフは自身の意見をぶつけるのに勇気がいるため、最初のうちは物怖じしてなかなか議論に入れない人もいる。

しかし、事前準備を持って意見することがゴール仮説の策定に貢献し、チームの生産性を高めることにつながるという全員の意識がしっかりと根づいているため、むしろ発言しないほうが叱責される。

だからこそ入社一年目のコンサルタントであっても、ゴールディスカッションの準備を一生懸命行い、討議の場で存在感を示そうと頑張るのである。そうした若手育成の機会としても「ゴールディスカッション」は最適な場になる。

当然、限られた情報の中でのゴール仮説の設定であるため、全員が完全に腹落ちするまで徹底的に議論する必要はない。それを目指していたらいくら時間があっても足りない。だからこそリーダーの力量が鍵となってくる。

リーダーがモヤモヤして、みんなの意見にすべてうなずいていたとしたら、いつまで経ってもゴール仮説は設定できない。「全員が腹落ちするまで何度も議論を繰り返そうね」という意識でこのディスカッションを率いていては、おそらくいつまで経っても収束しないだろう。

意見がどうしても収束しない時は、リーダーが責任を取ってチーム案を明確にする覚悟も問われる。何も一つの仮説に絞る必要はない。仮説のオプションを二つ三つ用意することでもかまわない（四つ以上は絞られていないのと同じなので多くとも三つまでに留めるべきである）、仮説が違っていればその時に再度チーム全員で修正すればよいのである。

3回目の討議

ゴール仮説が共有できれば、次はその検証に向けた論点の整理である。先述したとおり、個別の仮説レベルまで分解してメンバーで共有できていることが前提である。

個別の仮説を正しいものとして根拠づけるためには、「何が証明できればよいのか」「どういった事実で裏づけを取ればよいのか」という視点で改めて論点を定義し、検証作業の具体的な方法までを確認する。

4回目の討議

ゴールディスカッションの最終段階は、ゴール仮説を紙芝居のようなストーリーに仕上げる作業である。

ここは「言いたいこと」を一連の流れとして下書きとして設定する作業であり、決してこの時点で時間をかけて完成形を作るものではない。

「あるべき姿はこういう内容です、最終的な解決策はこういう策です、なぜならば…」といった仮説のストーリーを文章や絵にしてメンバー間で共有しておくのである。

この作業をゴールディスカッションの最終ミーティングで実施し、その後の検証結果とぶつけながら適宜修正をかけていく土台にするのである。このストーリーの作り方も後ほど詳しく紹介したい。（↓125ページ）

今回は理解のために4回の討議と仮置きして説明したが、これが3回だろうが5回だろうが回数にはあまり意味はない。

Step1～5の順番でしっかりと進めていくことに意味があり、リーダー自らが自身の考え・仮説を常に持ちながら、その上でメンバー全員の意見やアイデアをうまく引き出していく力量が求められる。

言わずもがな、リーダー自身がゴール仮説から始めて問題を解決していく実践力を有していなければ、メンバー全員を本アプローチで率いることなどはできない。

ゴールディスカッションの実際

ゴールディスカッションでは「問い＝真に答えるべき問題」を確認したらまず、初期的な仮説を作るために、

「どういうゴールになるかな？」
「3か月の検討を終えて、最後にどんな成果物ができていればよいと思う？」
「具体的にそれはどういうイメージかな？」

といった議論を繰り返すところから入っていく。もちろんリーダーのみならず、参加者は最大限自分なりのゴール仮説を事前に用意した上で会議に臨むのが鉄則である。

とりわけプロジェクトマネジャーは現場責任者として自身の仮説をしっかりと持ち、この初期討議をリードして、チーム案をまとめていく役割が求められる。

ゴール仮説は、もちろんテーマによってさまざまだ。例えば、

「日本市場での伸びシロはほとんどないと思われるため、インフラ構築ニーズが高まっているアジア諸国での事業展開を実現していくべきだと思います」

「地方創生・地域活性化に向かう中、地域情報インフラの市場性は今後飛躍的に高まると思われます。地方行政との強固なリレーションを武器にした新たなビジネス創出に取り組むべきだと思います」

…など、議論する機会や過程を経ることで、個々メンバーが持つ情報や考え方を理解し、交換し合うことができ、メンバー一人一人の成長機会にもなる。

当然、このゴールディスカッションの段階では、各人が持つ日常経験や知識。事前に軽く調べた基礎情報だけで思考を組み立てているため、誰もが瞬時にうなるようなゴールイメージを語れる人などほとんどいない。

後で検証すれば「そのとおり」と言えるかも知れないが、この段階では個々人が有している断片情報やサンプル情報、あるいは他のトレンドや事実から「この問題に対してもその解決策になるのではないか」といった類推力でのゴール仮説が自由に議論されてよい。

どちらかと言えば「言いたいこと」「導き出したい解」から議論を始めることが望ましい。

多少のアイデアレベルであっても、議論を繰り返すうちに、完全な思いつきや検証するに値しないようなアイデアは徐々に間引かれていき、自ずと深掘検証していくに足る共通のゴール仮説に収束していくものである。

だからこそ、メンバーが黙っていてはよいゴール仮説はでき上がらない。リーダーは真に答えるべき問題を事前にメンバーに発信し、自由にブレインストーミングできる雰囲気を作り出しつつ、メンバー一人一人のアイデアを議論の俎上に載せていくファシリテーション力も問われる。

当然、これらは簡単な作業ではない。

ゴール仮説を早々に作り上げるというアプローチは「負荷前傾型」で進めていくことを意味する。うまくゴール仮説が描けずに逃げ出したくなるような時も正直少なくない。

それでも、この作業を曖昧にして進めてしまうと、後の作業で必ずやり直し（手戻り）が発生し、結局、多くの負荷をチーム全員に課してしまうことになる。

「時間への制約意識」をしっかり自覚しているリーダーは、この作業をおざなりにはしない。なぜなら、ここでの妥協や曖昧さが結果的にチーム作業全体の「考える時間」のロスを生みだす根源になることを理解しているからである。

ゴール仮説の論拠となる「個別の仮説」を設定する（論点整理）

当然、このようなゴール仮説を打ち出したからには、その下にゴール仮説を下支えする論拠となる個別の仮説が存在するはずである。

ゴール仮説を最終的に「真に答えるべき問題（問い）に対する回答」に仕上げていくため、ゴール仮説の正しさを検証する作業は、ゴール仮説の論拠となる「個別の仮説」の確からしさを一つずつ検証していく作業の結果、成り立つものである。

そのため、この段階では常に「なぜ、そのようなゴール仮説を考えたのか」「どのような情報や論拠をもってゴール仮説と設定したのか」「その正しさを検証するためには、どのような情報を追加で確認し、分析結果が出ればよいのか」「何がわかればそう言えるのか」というような仮説検証に対する、具体的な道筋の提示までもが求められるのである。

これに対して、「いや、何となく勘で」「何となくそうかなと思って」という返答しかできなければ、それは仮説ではなく単なる思い込みとして処理されるだけである。したがってゴール仮説として設定する権利を与えられない。

仮説とはその後検証して確からしさを明らかにしていくべきものを指す。検証の仕方も描けない仮説は、単なるアイデアか勝手な思い込みとして片づけられる。

何を論拠（当然この段階ではこれらの論拠も仮説である）に、そのゴール仮説を自分は導いたのか。その道筋が説明できなければならない。例えば、

「国内市場の余地は小さいため、今後3年間で主戦場を切り替えて中東諸国の富裕層マーケットでトップシェアを築き上げるべき。勝つための鍵は現地既存代理店流通網の獲得と現地企業との協業による研究開発業務の加速である」

というゴール仮説ができ上がったとしよう。当然、ゴール仮説を描いた過程において、以下の論拠となる仮説が水面下に存在するはずである。（次ページ図7・85ページ図8）

図7　ゴール仮説と論拠となる個別の仮説

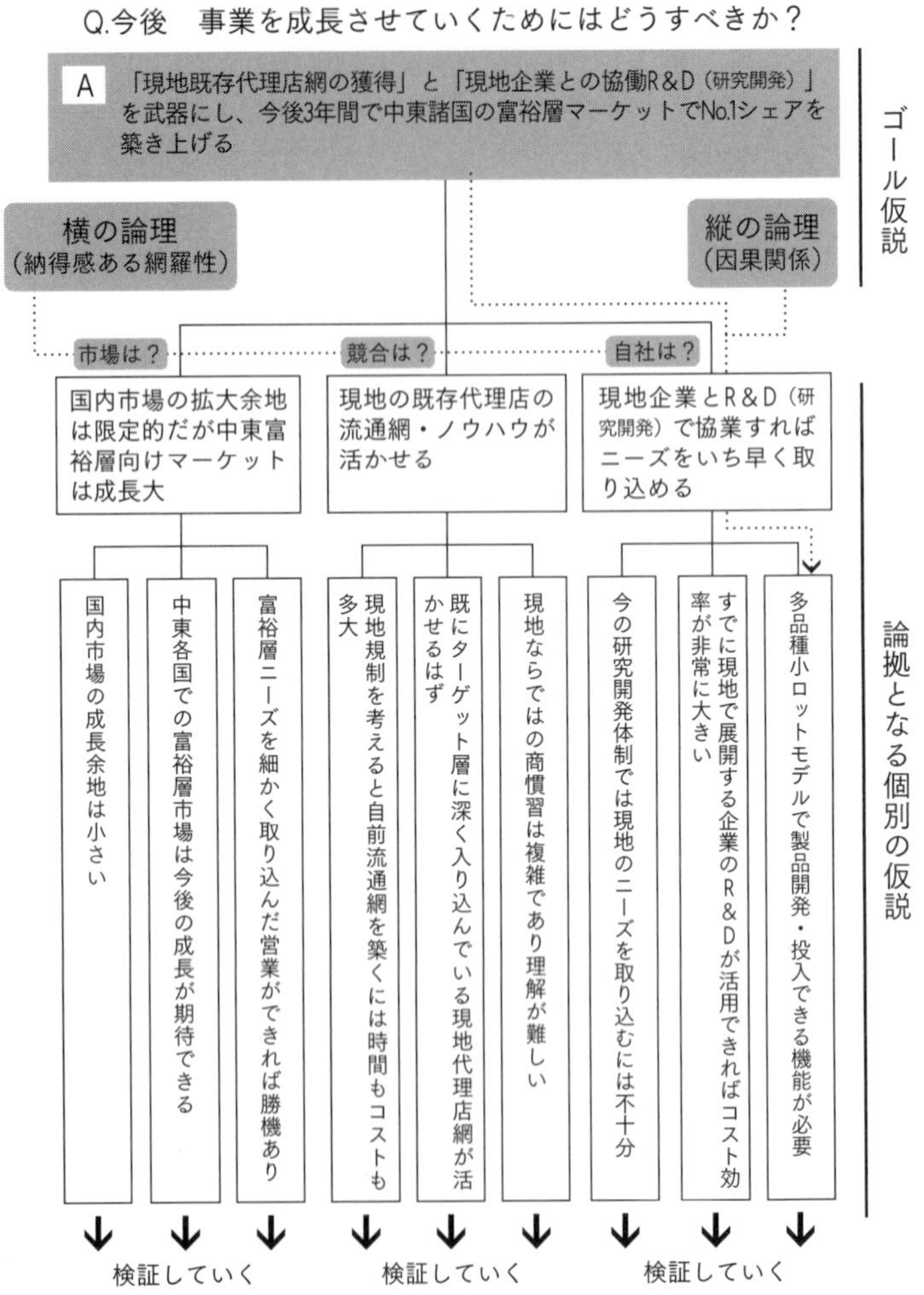

図8　ゴール仮説から落とし込まれる、さらに深い論点

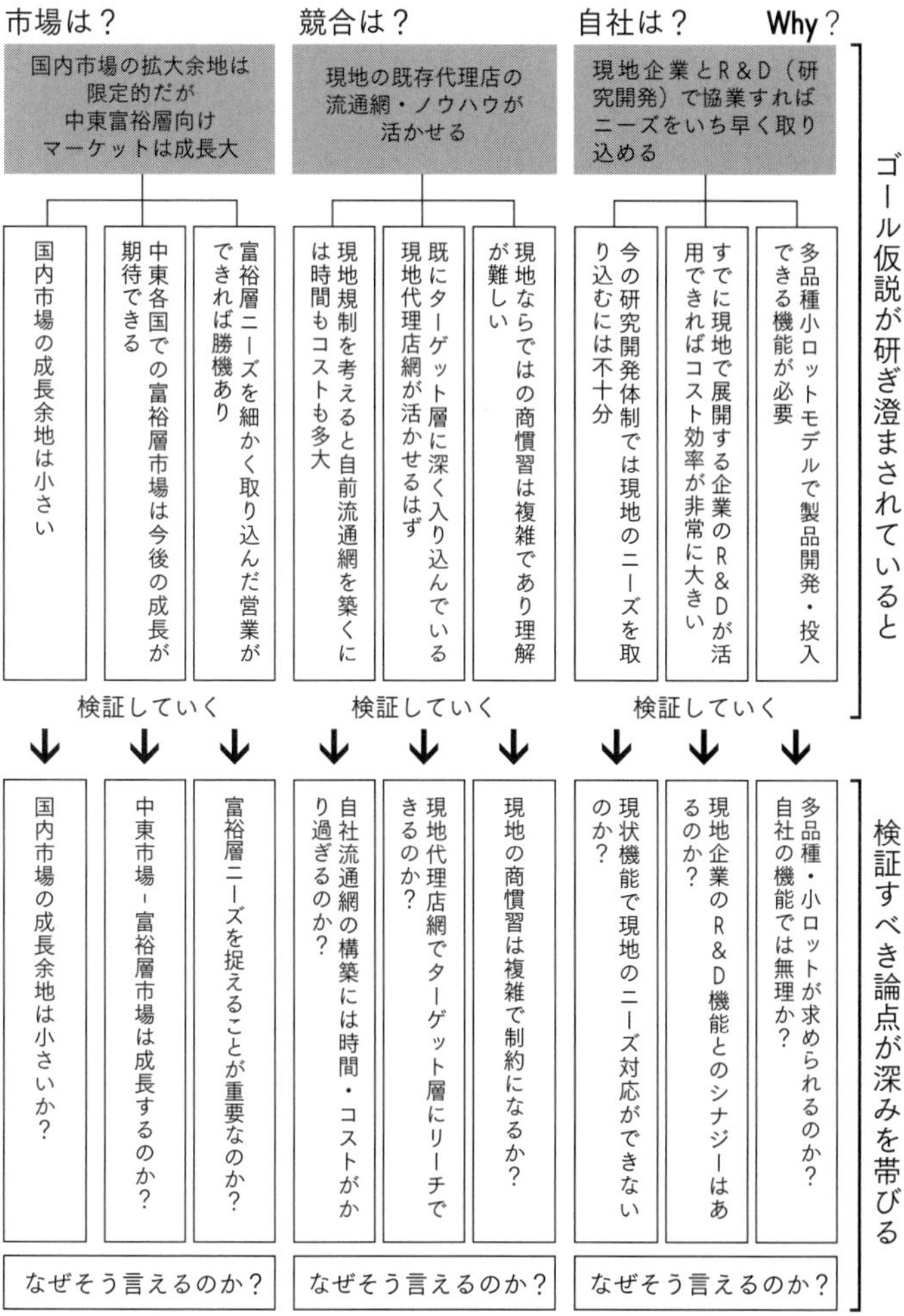

「国内市場は縮小しており、余地が小さいはずだ」
「一方で、中東市場は富裕層がマーケットを牽引するメカニズムで成長基調にあるはずだ」
「市場で勝つためには、代理店網の獲得と研究開発業務パートナーの獲得が重要なはずだ」

というものである。

ゴール仮説を因果関係によって支えるものが「論拠となる個別の仮説」であり、われわれコンサルタントはよくこれを「縦の論理」と呼んでいる。

これに対して「漏れなく・ダブりなく」納得できる網羅性が成り立つことを意識して考えることを「横の論理」と呼んでいる。

この「縦の論理」と「横の論理」という思考法やテクニックは、後述の「ゴール仮説の作り方」でも(↓97ページ)詳しく述べていくとして、ここでは、ゴール仮説の策定作業において、論拠となる個別の仮説に支えられたゴール仮説を同時に作り上げることが大事であるという点をしっかりと理解していただきたい。

ここまでゴール仮説の論拠となる個別の仮説を具体的に落とし込んでメンバー間で共有できれば、検証すべきポイントも深みを帯びて見えてくる。

「中東市場が本当に魅力的なのか」
「現地での既存代理店流通網の競争力が本当に高いのか」
「自社のR&D（研究開発）機能にアライアンス（業務提携）を呼び込める魅力はあるのか」

といった一つ一つの検証ポイント（論点）が浮き彫りになり、その後の検証作業の方向性が明確に描けるのである。

図7と図8を見てもらうとわかるとおり、ゴール仮説を策定するに当たって、メインストーリーや向かっているゴールに基づいた検証作業の力点・軸が明確に研ぎ澄まされていると、作業効率に大きな違いが生じる。力点や軸が見えていない中では、どうしても先に分析作業に走ってしまい、チームメンバーに多大な作業を与え、疲弊させてしまう。

時にメンバー自身が何も作業できず、成果物を出せない不安から勝手な作業を自ら作り出して「作業を行った満足感」を得ようとすることも珍しくない。

リーダーからゴール仮説なきままに作業を指示されたメンバーの心理的負荷も実は時間以上に大きいことも忘れてはならない。

論拠となる個別の仮説を検証する場合は「オープンクエスチョン」で留めない

どんなものであれ、仮説を検証するポイント＝論点には「深さ」がある。書いて字のごとく、議論したい「点」であり、議論したい「テーマ」ではない。

例えば、「市場はどうなっているか」というテーマで議論した場合と「インドネシアの成長率が著しいのではないか」という点で議論した場合、議論の振れ幅は大きく変わる。

ゴール仮説というものは、根拠となるいくつかの個別の仮説の集合体としてでき上がっている。

ゴール仮説が研ぎ澄まされているほど、リーダーやメンバーが検証したいポイントが明確になっているため、チームの中での議論は深みを帯びて「点」になる。（85ページ図8）

一方、検証したいポイントが明確に絞り込まれていないアプローチで作業を進めていると、必然的に「テーマ」に留まってしまいがちになる。（図9） 例えば、

「市場はどうなっているか？」
「競合はどう動いているか？」
「現場オペレーションの問題は何なのか？」

「この部門の問題はどこにあるのか？」

といった具合である。

われわれはこうした質問を「オープンクエスチョン（YES／NOで答えられない問い）」と呼ぶが、それは答えを相手や周囲に委ねる問いかけである。このような質問は、われわれコンサルタントの議論においてはご法度とされている。自身の中での最初の問いかけとしては問題ないが、その質問に対して自分なりに、

「市場は年率20％以上の勢いで縮小しているのではないか」（↓Y／N）

「競合は生産能力の増強に向けて投資速度を速めているのではないか」（↓Y／N）

「この部門の問題はノウハウのオープン化を促進する仕

図9　ゴール仮説が曖昧だと論点（検証ポイント）がオープンクエスチョンに

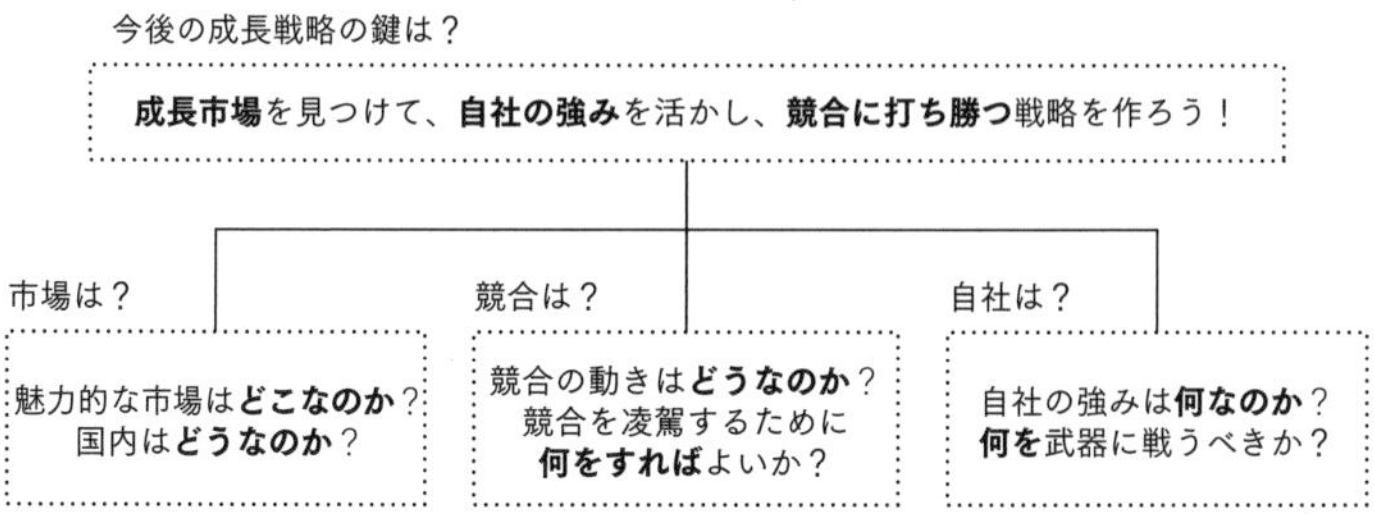

今後の成長戦略の鍵は？
成長市場を見つけて、自社の強みを活かし、競合に打ち勝つ戦略を作ろう！
市場は？
魅力的な市場はどこなのか？
国内はどうなのか？
競合は？
競合の動きはどうなのか？
競合を凌駕するために
何をすればよいか？
自社は？
自社の強みは何なのか？
何を武器に戦うべきか？

組みがないために、個々人の中でブラックボックス化してしまっている点に問題があるのではないだろうか」（↓Y／N）

といった深さまで自分自身で掘り下げていくことが重要なのである。

後者の深さであれば、検証作業もYES／NOに照準を当てながら作業が進められるが、前者のレベルに留まっていた場合、何を調べればよいかの的が絞りにくくなる。

論点（検証ポイント）と仮説は常にワンセットで考える

論点（検証ポイント）がオープンクエスチョンレベルで留まってしまうと、チーム内での議論の振れ幅も大きくなり、時間をかけても議論が収束しない事態も生じがちである。

繰り返しになるが、論点に深みを与えるのも、その一つ一つの検証ポイントに対する仮説構築力である。単純に言うと、論点と個別の仮説は常にワンセットで考えるべきということに尽きる。

論点だけを出して、それに対する自身の仮説を持たずしてメンバーに作業指示を下すのは、リーダーとしての役割を十分に果たしていない。

一つ一つの個別の仮説に対する論点のレベルが浅すぎると何を分析し、何を検証すべきかは結局は作業者の思考の幅で大きくぶれてしまう。

一方、個別の仮説に対する深い論点が与えられた場合は、何を検証すべきなのかの軸がはっきりする。

つまり、仮説を検証するポイント（論点）に深みを与える力は、仮説構築力と密に関連している。仮説構築力が弱い人ほど、オープンクエスチョンになりがちなのである。

当然、決めつけ過ぎると思考が狭くなるリスクはあるが、オープン過ぎる質問を与えられて多大な作業で迷走するよりは、「論点↓検証」をクイックに回しながら仮説の確からしさを確認していく作業の方が圧倒的に効率的である。

この振れ幅を最小限に抑えるためのテクニックとしてフレームワークが存在する。ただし、フレームワークはあくまで、際限なく広がってしまう検証すべきテーマの振れ幅を抑制するためのツールであり、議論すべき枠組み・箱を規定するのに留まる。「その箱の中で議論・検証すべき論点が何なのか」といった議論の深さの振れ幅までをクリアにしてくれる魔法の杖ではない。

ゴール仮説の論拠となる「個別の仮説」の精度が上がると後工程がスムーズに

ゴール仮説を支える個別の論拠となる仮説が深く設定できると、その後の仮説／検証作業において、「YESかNOか」で向き合えるようになる。

必然的にチームミーティングにおける議論の多くも、検証の結果、各論点に対する個別の仮説は正しかったのか。あるいはその積み上げで成り立っているゴール仮説が、「現時点では正しい」という判断で作業を継続してよいのかといった「YES／NO」問答で議論が進むはずである。（54ページ図4－1）

常にゴール仮説に向けて現時点の検証結果を持ち寄り、計画どおりミーティング後も作業を進めてよいのか否かが、各チームミーティングの出口で判断される。そこでもちろん、「ゴール仮説が違った」となれば、即座に見直しが迫られる。

「今日のミーティングにおいて、何のYES／NOを議論するのか」を事前に明確にした上で、ミーティングのアジェンダを事前にメンバーと共有するなど、リーダーとしてチームにその文化を根づかせる仕掛けに努めていくことが望ましい。

言い方を変えると、常にゴール仮説から始めて問題解決の検討を進めて行けるように、最大限チームミーティングの出口を「YES／NO」「GO／NOT GO」の判断に向かわせていくことがリーダーには求められている。

　私は、重要な会議に際して、その会議の目的をクライアントや関係者に事前配布する資料には、次ページ図10のような1枚紙を意図的に入れるようにしている。タイトルは「本日判断すべきポイント」と打つことが多いが、いわば「論点検証紙」である。

　あくまでも例示であるので記載内容はさておき、この1枚紙を入れることで常に論点を具体化して作業を進める行動様式を、周辺に意識づけさせていくという意図をご理解いただきたい。

図10　論点検証紙の例

本日判断すべきポイント

▼検証1：

貴社のA事業が主戦場としている市場はすでに成熟期に入っており、今後大きな魅力は生み出せない。

→YES／NO

▼検証2：

競合B社はコスト競争力で市場での圧倒的優位性を築こうとしている。

→YES／NO

▼検証3：

競合Bと貴社のコスト競争力を比較してみると、その固定費率において2倍以上劣勢な状態にある。

→YES／NO

▼現時点総論：

検討当初に描いていたゴール仮説からは外れていないため、引き続き検証作業を進めていく。

→YES／NO

会議ではゴール仮説や根拠となる仮説の検証ポイントを議論すれば生産性が上がる

多くの企業で会議やミーティングと称して開かれる議論、検討の場において、一体何の意思決定を目的としているのか非常に曖昧なまま執り行われている現状に、大いなる時間のムダを感じずにはいられない。

私の経験から言うと、社内会議の量とゴール仮説から始める問題解決アプローチの実践力は見事に反比例すると断言できる。社内会議が多い企業は、リーダー以下、ゴール仮説から始める問題解決アプローチで問題突破を図っていく人たちの実践力の総和が低い企業と言える。

リーダーが自分で考えることを曖昧にしたまま、「より多くの人の情報や時間を持ち寄れば何か先が見えるのではないか」という発想に疑いを持たず会議を開催する。そうすると結論に至らず、あるいはモヤッとした結論しか出ず、また次の会議に繰り越されていく。

会議の大小はあれ、ゴール仮説もそれに対する深い検証ポイントもなく、現状分析偏重アプローチに基づいて、何となく会議を繰り返していることが、そもそもムダの根源である。この総和時間をビジネスの付加価値向上のために回せれば、どれだけ生産性が高まるか計り知れない。

会議は論点検証型ミーティングの実践に努めていただきたい一方で、本質的にその実践力の源となるのは、ゴールディスカッション時の仮説構築・論点の設定力にある。

こうした意思決定の精度、スピードの向上に寄与するレベルまで自身の、あるいはチームの論点設定力を高めることにも是非取り組んでいただきたい。

ただし、ゴール仮説を作り終えたとしても、それはどこまでいってもその時点では仮説の域を抜けず、その後2、3か月かけて、ゴール仮説をFACTによって確定させて行く作業に入って行く必要がある。

例えば、「中東で勝負すべき。なぜなら市場は伸びているはずだから」というゴール仮説を作ったとして、ゴール仮説の策定時は1週間で得られる基礎情報程度で裏づけているに過ぎないので、本当の意味での検証は終わっていない。情報で「根拠の兆し」を見せただけであり、「外してはいない」というレベルで仮説を作っているだけである。

したがってゴール仮説が確かであるかは、実際に市場調査を2週間かけて実施したり、現地ヒアリングなどを行なって検証して行くことで、確定した解決策として成立するという流れになるのである。

ゴール仮説の作り方

ここまで、ゴール仮説とそれを下支えする論拠となる個別の仮説との関係性や、ゴール仮説を策定していくディスカッションのＳｔｅｐに関して手順を紹介してきたが、いよいよ具体的に「ゴール仮説をどのように作るのか」の手順を解説していく。

ゴール仮説を形作る二つの要素

ゴール仮説を作る際にはまず、「Ⅰ．問題が生じている原因の特定」と、「Ⅱ．解決策の策定」は切り分けて考えることが必須である。

ともすると、開始早々から「解決策はどのようなものが考えられるだろうか」といった解決策に考えを走らせる人が少なくないが、解決策は特定された問題に対して施されるものであることを考えれば、まずは「どこが問題なのか」「なぜその問題が生じているのか」「何が原因なのか」を冷静に考える作業が最初であることを意識していただきたい。それを終えてから「解決策の立案」に移るのが基本手順である。（次ページ図11）

図11　「ゴール仮説」から始める問題解決アプローチ

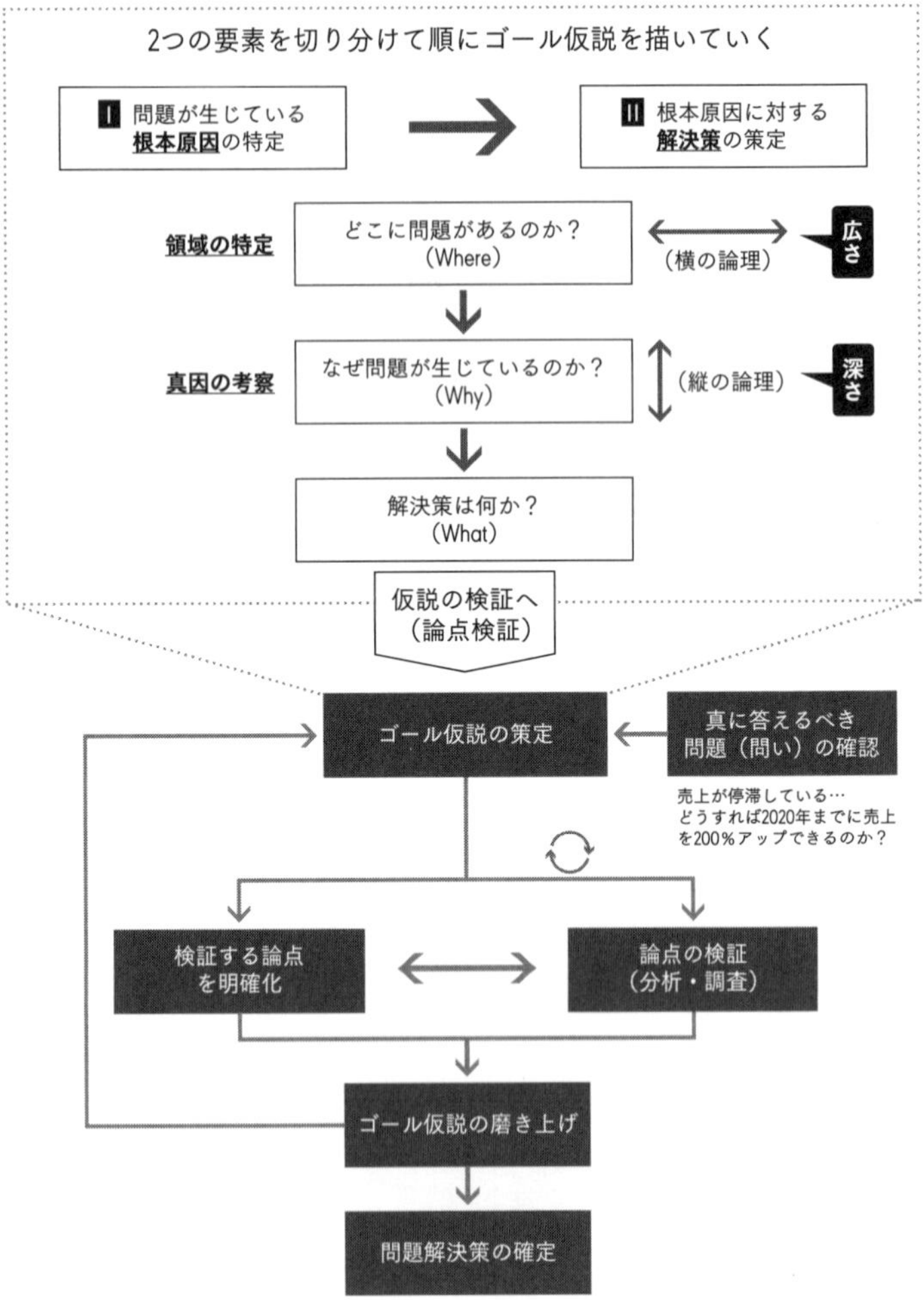

構造的にはこのようになる。

Ｉ：問題が生じている本質的な原因の特定

●問題領域の特定（「広さ」の視点）

●問題が生じている真因の考察（「深さ」の視点）

Ⅱ：根本原因に対する解決策の策定

例えば、「売上が伸びない」→「何をすればよいか」といった打ち手をいきなり考えるのではなく「売上が伸びない」→「どのサービスや製品が伸びないのか」「なぜ伸びないのか」「何が悪いのか」といった本質的な原因の考察をしっかりと行うことから始めるべきなのである。

文字どおり、この段階ではともに仮説であってよい。限られた情報や周囲へのヒアリング、そして自身の経験などをもとに、クイックに「何が原因なのか」「ではどのような解決策が想定できるのか」を考える。

最終的に「本質的な原因はここにあると見定めて」「それに対してこのような解決策が

考えられるのではないか」というゴール仮説ができ上がっていく。

もちろん、新規事業や新たなサービスの立案といったテーマであれば、「原因の特定」という作業はさほど必要ではない。その場合は「解決策としての仮説＝ゴール仮説」となるであろうが、本章では身近な問題解決手法を解説していきたいという意図から、「原因の特定」と「解決策の立案」の双方が求められるケースを前提に話を進めたいと思う。

本質的な問題を見極める「広さ」「深さ」の視点

問題が生じている本質的な原因を推察する作業においては、決して斬新なアイデアや奇抜な発想はいらない。ひたすら、「何が問題なのか」を冷静かつ論拠立てながら考えていくことになる。その際、「どこが問題なのか（領域の特定）」「なぜそのような問題が生じているのか（真因の考察）」と一つずつ思考を進めていく。

完璧な論拠の武装やデータの裏づけはこの段階では必要ない。とはいえ、全くのゼロ論拠では周囲の合意は得られないため、ラフなレベルでよいので「何をもってそのような仮説を立てたのか」は最低限、説明できる必要はある。

こうした問題解決の進め方は、病気の治療に喩えるとわかりやすい。

体のどこが悪いのかを、まずは冷静に見定めた上で（領域の特定）、なぜそこにそのような症状が発しているのかの原因を探り（真因の考察）、その原因に応じた処方策を考えていく（解決策）という手順は、ビジネスシーンにおいても全く同じである。

病気の箇所とその原因さえ特定されていれば、その後の処方のパターンや薬の種類は複数存在するであろう。しかし、その特定が曖昧なままで処方の仕方や治療方法に関して考えを巡らせ、議論を始めたとしても、全く意味のない時間を費やすことになりかねない。

この作業の精度が、ゴール仮説の見当違いを防いでくれるだけでなく、この後の活発な解決策の議論を生み出す根源となるのである。

どこが問題なのかの見当をつける（領域の特定・「広さ」）

問題の領域に見当をつけ、それが生じている真因を考察していく作業を、今度は地中に埋まった埋蔵物を掘り起こす作業に喩えてみたい。やみくもに歩き回るのではなく、手戻りや迷子にならないように共通の区画整理の枠組みの上で、まずは掘るべき領域を見定めていく必要がある。その場所の候補が定まれば、そこから後はドリルで地下深く掘っていくという手順になるわけだが、ビジネスの場合も同様である。

- 営業に問題があるのか。マーケティングがうまく行っていないのか。それとも人事に問題があるのか
- 価格に競争力がないのか。製品力がないのか。販促活動が不十分なのか
- スキルある人材がそもそもいないからなのか。プロセスルールが属人的すぎるのか

など。「問題点を考えよう」となればさまざまな角度や切り口で、さまざまな意見が出てくるであろう。議論に議論を重ねていけば、そのうちすべて出し尽くして整理できるかも知れないが、それでは時間を多分に浪費してしまう。

そこで、まずは個別の問題点を積み上げながら、なるべく早い段階でその領域を整理する共通の枠組みを設定することが必要である。先の例で行くと、以下のような枠組みが透けて見えてくる。

- マーケティング／営業／サービス／製造／R＆D（研究開発）↓組織機能
- 価格／商品／販促／チャネル　↓マーケティング要素
- 人材／プロセス／組織／ＩＴ　↓企業の運営要素

どれが正解というわけではなく、むやみやたらと領域の際限や区分なく問題点を列挙していく手順を避け、全員が共通の思考の枠組みの中で問題の領域特定を行うことで、効率的な議論を進めていく上での大きな助けになる。

この「領域を整理し・特定づける」際に持つべき思考法を「横の論理」と呼ぶ。これは、MECE[*1(p.110)]に考えることと言われれば理解できる方も多いのではないだろうか。「漏れなく・ダブりなく」である。

単なる思いつきだけで「ここに問題があるのではないか」と決めつけては、真の問題箇所を漏らすかも知れない。かと言って、ビジネスの難しい局面において独力でMECEな枠組みを設定することは容易ではないはずだ。

だからこそ、ここは素直に世の中に出回っているフレームワークを覚え、活用していくことがポイントになるし、むしろそうすべきである。

フレームワークは往々にして思考の整理を助けてくれる。それが立証されて使えるものだけが世の中で使われ続けていてMECEであることがすでに検証されているのである。まずはどこに問題があるのか。何が問題なのかをフレームワークを用い、探索していくことが問題を引き起こしている真因を推測して、仮説を立てるための最初の手順となる。

ただし、ここにも陥りやすいワナが存在する。目の前の問題を提示すれば、自動的に「ではこのフレームワークを使いなさい」と指定されるものではない。つまり、どのようなフレームワークで領域を整理するか、MECEな状態を作り出すべきかは自分で考え、最適な枠組みを選択しなければならない。

この最適なフレームワークの選択ができない、あるいは安易に「3Cね*2(p.111)」「SWOT*3(p.111)でまず考えようか」という入り方をする人は、往々にしてその後フレームワークに収まらない状態に直面して手戻りが発生することになる。

ここはまず、目の前の問題点や課題を一つ一つ確認し、その問題点を類型化していく上で最適なフレームワークは何かという思考で進めてもらいたい。

その結果、「3Cではなくファイブフォース*4(p.111)で外部環境の整理をしたほうがいい」「SWOTではなく、バリューチェーン*5(p.112)で強み・弱みを炙《あぶ》り出すのがいいかもしれない」というように、最適なフレームワークが見えてくる。

問題領域の整理・特定を行う際は、個別の問題から最適なフレームワークを選択し、「横の論理」つまり納得できる網羅性が成り立つことを意識していく。その上で、「この領域に問題があるのではないか」と推測するのである。

フレームワークはあくまでもツールに過ぎない。一部の識者には「思考の枠を狭めてしまう」という人もいるが、それはフレームワークを過度に信奉しすぎるからである。あくまでも思考を整理したり、深めていく際のサポートツールといった位置づけで活用し、斬新さや思考の深さをもたらすのは、個々人の思考力によるものであることを忘れてはならない（↓114ページ「要諦2 ゴール仮説の「筋のよさ」を意識する」）。

なぜそのような問題が生じているのかの見当をつける（真因の考察・「深さ」）

次に行うべきは「なぜそのような問題が生じているのか」を深掘りしていく作業になる。いよいよ地中の埋蔵物を探索しにいくわけである。

なぜ、そのような問題が生じているのか、因果関係で真因を考察して「なぜなぜ問答」を繰り返していく。これが前節で述べた「縦の論理」と呼ばれる思考法（↓86ページ）で、この作業の精度が、ゴール仮説の筋のよし悪しにつながり、後工程である解決策の質にも影響を及ぼすことになる。

ここにおいても、可能な限り深掘る方向が散らからないよう同じように枠組みを設定できると思考を進めやすい。

例えば、営業部門の生産性低下が問題である。特に若手マネジャー層のパフォーマンスの低下が深刻な問題であると見定めたとしよう（領域の特定）。

次に「なぜ、若手マネジャーのパフォーマンスが低下しているのか」という真因を仮説する考察に移るわけだが、そこでも個別の議論や考察から入りながら、早い段階で掘り方の共通の枠組みが設定できると思考は進みやすい。「若いマネジャーのパフォーマンスを集中的に高めていくことを目的に、会社が経営資源（人・もの・金・情報）を十分に提供できていないからなのではないか」というような枠組みを早期に描く。具体的には、

- マネジャーや指導する上司に問題があるのか（人）
- 取り扱い製品やサービスが複雑で、売りにくい点に問題があるのか（もの）
- 報いるインセンティブが低く、モチベーションが上がっていないのではないか（金）
- 活動する上での有益な情報を十分に与えられていないのではないか（情報）

…といった具合に掘り下げていく。実際は、一回目の掘り下げ方の枠組みを決めて思考を深めた後に、さらに掘っていく時においては、すでに思考のぶれ幅は相応に制御できてい

るため、比較的自由に掘り下げていくことが多い。

- なぜ上司はうまく指導できないのか

↓「やっていないのか、やろうとしてもできないのか」

- なぜ、製品・サービスが売りにくいのか

↓「仕立てる商品企画側の問題なのか、前線の営業担当者のスキルの問題なのか」

- なぜ活動する上で有益な情報は得られないのか

↓「得ようとしないのか、しているけれど得られないのか」

といった具合に何度も「なぜ、なぜ」を繰り返しながら真因を考察していく。

ゴール仮説の策定段階においては、当然のことながら仮説として推測していくという意味にはなるが、この「真因を探っていく」というプロセスでは、「なぜこれまで、その問題が解決されてこなかったのか」という視点を持つことも大事である。「同じような問答は過去にも繰り返されているにも関わらず、なぜなのか」という疑いの目を強く持つことが、実は真因に辿り着く上で重要になってくる。

さらにもう一つ別の事例でイメージを深めてみよう。

製造業において納品スピードが一向に向上しないという問題があったとしよう。当然「一体何が問題なのだろうか…」という問いから自問を始めることになる。次に、

●設計部門から発出された設計図に開発側から修正要件が入った場合、設計側が臨機応変に対応できず、そこに大きなタイムロスが生じているようだ（領域特定）

●一体なぜそんな問題が生じているのだろうか（真因の特定）

↓それは設計と開発の情報連携とプロセスルールの不一致が問題なのではないか

↓ITもそれぞれ分断されていてインフラの脆弱さも問題ではないか

「なぜ、プロセスルールの不一致が生じているのか」「なぜこれまで解決されてこなかったのか」「なぜ、ITが分断されたままなのか」「それは誰しもが気づいているはずなのに、なぜ今まで解消されてこなかったのか」…といった思考順序を踏むのである。ここでしっかりと真因を突き詰めることで、問題に対する解決策の精度を高めていくことは言うまでもない。

真因の考察が終わったならば、初めて解決策を考えるのである（↓98ページ図11の‖）ここは自由な発想で活発に議論すればよい、アイデアを出し合えばよいのだ。

私は社内コンサルタント向けのトレーニングで「問題解決のために投下する100の工数のうち、80はこの真因考察に充てよ」と口酸っぱく言っている。

真因の考察がまちがっていたら、必然的に解決策も的外れになるからである。問題点は今現在、あるいは過去に起きている顕在的な事実によるものであり、一方の解決策はこれからの潜在的な世界を築いていく議論である、

だからこそ、事実を丁寧に考察していくステップと、そこから発想を膨らませて解決策を描いていくステップはしっかりと切り分けて進めていく必要があるのだ。

ゴール仮説の討議・策定において、どうしても拙速に「解決策」の議論から入ってしまいたくなるが、この2つの要素（↓98ページ図11のⅠから‖）をしっかりと切り分けて順を追って思考を進めていくことを徹底していただきたい。

ゴール仮説を策定していく手順・思考の流れはご理解いただけたであろうか。

まずは問題が生じている根本要因の考察から始めていき、その後、解決策の検討・討議

に移っていく。

要因の考察に当たってはその領域を特定するために「横の論理」の思考法で枠組みを設定し、課題領域の特定を行う。その後「縦の論理」を持って、なぜなぜ問答でその真因を考察していくのである。

当然、問題というものは複数の要素が絡み合っているケースが多い。その「広さ」や「深さ」を枠組みなしで頑張って積み上げていってすべて出し切ろうとするのは多分に非効率であり、どこまで行っても十分出し切れたという納得感は得られないはずである。

その際は世の中にあるフレームワークが助けてくれる。だからこそフレームワークは覚えるべきなのだ。

注

＊1　MECE：Mutually（互いに）、Exclusive（共有しない）、Collectively（全体的に）、Exhaustive（包括的で漏れがない）を意味する言葉の略で「漏れなく、ダブりなく」の意で使われる。問題解決の場面において「漏れ」や「ダブり」があると、考察対象の全体像を正しく捉えられず、結論・意思決定の判断を誤ったり、経営資源（人・もの・金・情報）をムダに使うことになる。

MECEに考えるためにフレームワークを使って考えることは有効であり、さまざまなフレームワークをベースにして考えることがビジネスの現場では一般的になっている。MECEに考えるための代表的なフレームワークとして「3C分析」「4P分析」「ファイブフォース分析」「7S分析」「PPM(Product Portfolio Management)分析」「SWOT分析」などがあるが、自分なりにMECEに考えるためのフレームワークを作り出すことも可能であり、それが仮説力の差として現れる。

＊2 3C分析：フィリップ・コトラーが提唱したフレームワークで、企業活動を「顧客」(Customer)、「競合」(Competitor)、「自社」(Company)の三つの点から分析することで、漏れなく、ダブリなく市場分析できるとする。

＊3 SWOT分析：アルバート・ハンフリーが提唱したフレームワークで、マーケットにおいて、自社のビジネスチャンスを発見するため、自社を取り巻く環境と、自社内部の状況をMECEに考えるためのフレームワーク。
SWOTは、強み(Strengths)、弱み(Weaknesses)、機会(Opportunities)、脅威(Threats)の四つの頭文字の略称。

＊4 ファイブフォース分析(Five Forces Analysis)：マイケル・ポーターが提唱したフレームワークで、企業を取り巻く業界構造を把握する手法。

業界内の競争に影響を与える要因を、「供給企業の支配力」「買い手の交渉力」「競合企業の敵対関係」「新規参入の脅威」「代替品・サービスの脅威」の五つに分類。それぞれの力の強さ、企業の関係性を分析することにより、業界構造の特徴を明らかにする。

＊5　バリューチェーン：マイケル・ポーターが提唱したフレームワークで、「価値連鎖」という意味のフレームワーク。
事業のプロセスを「主活動」と「支援活動」に分け、どの工程で、どんな付加価値を出しているかをMECEに分析するもの。外的要因（市場の変化、ニーズ）を踏まえて競合の動きを予測し、自社の強みを整理して、精度の高い戦略を考える際に使われることが多い。

第4章
ゴール仮説の「筋のよさ」を意識する

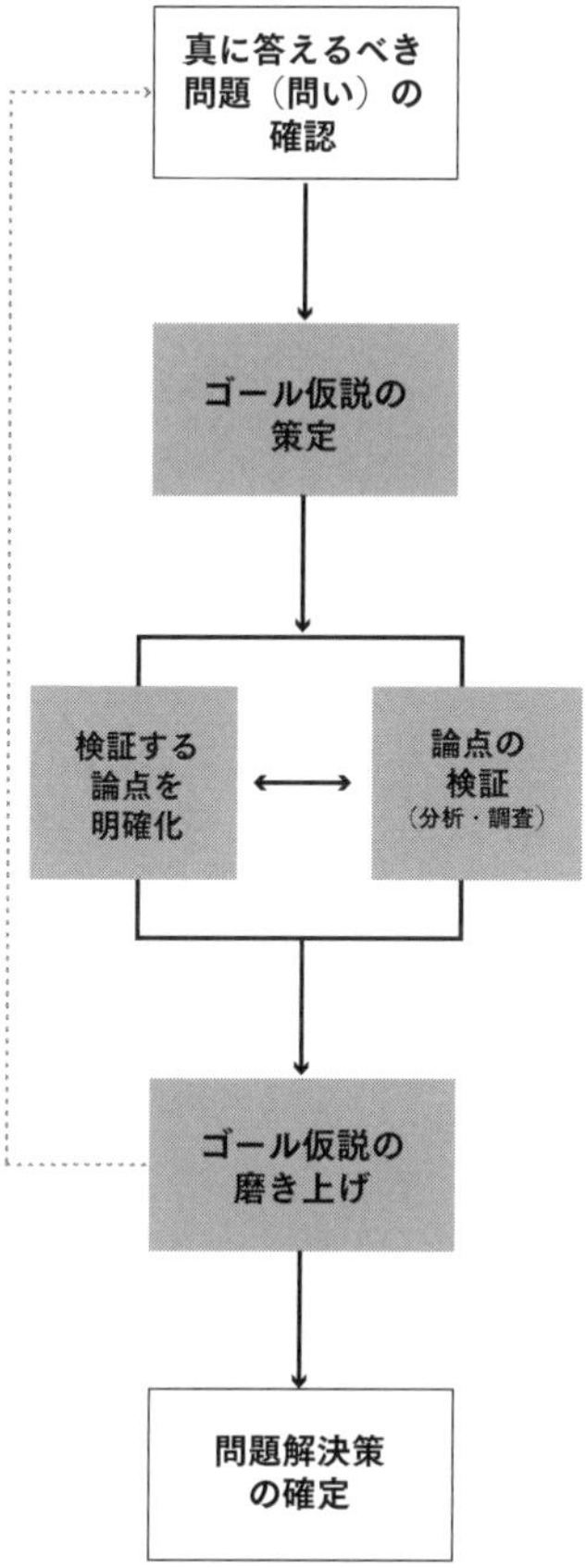

真に答えるべき問題（問い）の確認
ゴール仮説の策定
検証する論点を明確化
論点の検証（分析・調査）
ゴール仮説の磨き上げ
問題解決策の確定

要諦2 ゴール仮説の「筋のよさ」を意識する

前章でゴール仮説の作り方について紹介したが、さらにそれに磨きをかける上で、いかにして「筋のよい」仮説にしていくか。その重要性とノウハウを記していきたい。

ゴール仮説の「筋のよさ」にこだわる手順は、最初に行うゴール仮説の初期的な構築作業のみならず、ゴール仮説の検証を通じて磨き上げられていく過程においても、常に意識して向き合うべきポイントになる。ゴール仮説が検証を通じて、徐々に修正を加えられ、磨き上げられていく。その結果「問題の解決策」として確定していく流れの全般において持つべき視点・ノウハウであることを最初にお伝えしておきたい。

「その仮説、筋がいいね」「それは、ちょっと筋が悪いな」といったフレーズはわれわれコンサルタントの世界では頻繁《ひんぱん》に飛び交う。しかし正直、言われた側も何をもって「筋が悪い」と評価されているのか、わからずじまいの場合も事実として少なくない。

一体どういったゴール仮説は筋がよくて、どういったものは筋が悪いのか。簡単なケースで考えてみたい。以下のケース、どのようなゴール仮説が思い浮かぶだろうか?

売上は年々減少、5年連続営業赤字の地方スタジアム。あなたが経営者ならどうするか？

与えられた前提は以下のみ。

- 2017年度売上高：100億円、営業赤字15億円
- 年間観客総動員数50万人
- 一人当たり平均年間売上2万円（グッズ売上は拡大）
- Jリーグ試合開催数：20試合／年
- その他の週末は主に地域主催イベントを実施、平日稼働率は20％程度
- 半径5㎞人口　300万人（高齢者8割）
- 幹線道路や新たな新幹線新駅も開通し、首都圏からのアクセスが便利に

もちろん、あるべき姿や解決の方策は一つではない。しかし、受講者の発表を聞くと大きく三つのタイプに分類できる。みなさんはどのタイプだろうか？

タイプ1：「売上を一気に稼ぐためには、大きな音楽イベントを2回／年程度企画していくのがいいのじゃないでしょうか」というアイデア勝負型
タイプ2：「平日使用で稼働率を高め、グッズ販売を一層増やして客単価も10％アップ、結果これくらいの売上上昇を図りたいと思います」というロジック積み上げ型
タイプ3：「都内各都市とのコミュニケーションや、人口移動の活性化が期待されるため、国として掲げている地方創生とうまく絡めた活用プランを考えれば、即効性はなくとも魅力的な解決策が出ると思います」という熱弁型

筋のよい仮説とは

筋のよい仮説というものは発明と似ている。確率論ではなく、誰もがその「よさ」を認めるという点においてである。

自身がいくらこれはよい発明だと思っても、特許審査においては「新規性・進歩性」（新規性：公知の発明と同一でない新しいもの／進歩性：公知技術に基づいて容易に発明できないもの）が認められなければ、真似、容易に考えられるものとして拒否される。

今回のスタジアムの例で言えば、セミナー受講者の7〜8割を占める「タイプ2」の

ケースが新規性・進歩性の欠如に該当する。「論理的に考えなければ」という手段に囚われ、皆と同じような解決策を考えてしまうタイプである。それをゴール仮説に置いて検討を進めていくと、価値の高い成果物に至らないことは明らかである。

その上で自身が立てた仮説が誰も考えないような「新規性」や「進歩性」があるかという点で、常に筋のよし悪しを検証してみていただきたい。

先にもふれたが、そもそもビジネスシーンにおける問題点というのは、昨日今日において降って湧いて出てくるようなものではない。これまでも問題点としては認識されていたが、何かしらの理由があって解決されていないケースが少なくない。度重なる議論にもかかわらず、何かしらの制約にぶつかって検討が頓挫したか、考えられる手は打っては来たものの、未だ解決に至っていないというケースも往々にして存在する。

このスタジアムのケースにおいても同様である。何も突然降って湧いた問題ではない。「売上額」＝「集客数」×「顧客単価」という要素分解だけで思考が止まり、何とか「集客数」を増やすために平日稼働を検討すればよいのではないか…。「顧客単価」を上げるためにグッズ販売をすればよいのではないか…。そうした検討は本当にこれまでなされていなかっただろうか。

いくらロジックで整理されていたとしても、構造的にきれいに分解されていたとしても、そこから導かれたゴール仮説が過去と同じようなものであれば、筋のよし悪しを論じるにも値しない。

論理的に考えることはとても重要であるが、過去の問題解決請負人も、当然ながらその手順は踏んでいるはずであり、それを超えていく意識・視座を高く持つことが筋のよい仮説を作る上で大前提として重要になってくる。

実現性と新規性のトレードオフを考える

実はこの「実現性」と「新規性・進歩性」はトレードオフの関係にある。周囲の誰もがちょっと考えれば思いつくようなレベルは、実現性は高いが全くもって新規性がない。「こういうゴールを目指していきたいと思うのですが」と意気揚々と発表しても「それこの前も誰かが言っていたよ」「それ、先月クライアント内ですでに実施していたよ」という返答が返ってくるだろう。

逆に、非常にイノベーティブなゴール仮説であっても、「それできるの？」という問いに応えられず（最初の段階では明確でなくとも十分）、実現性があまりにも疑わしければ、何も価値を生まない画餅《がべい》になってしまうであろう。つまり、筋のよいゴール仮説とは「実現性」と「新規性・進歩性」の二つの評価要素の絶妙なバランスの上で形成されるべきもので、その視点を持ちながらゴール仮説をチューンアップしていく力量が求められるものである。（図12）

ビジネスの世界では実現性の視点は確かに重要である。

先の例で言うと「タイプ1」のケースに実現性の視点不足が感じられる。高齢者が8割を占める地域のスタジアムで、年2回の大きな音楽イベントにより15億円もの赤字を解消しようというのか。

確かに交通インフラも整うことで都内近

図12　筋のよい仮説は「実現性」と「新規性・進歩性」の最適バランス

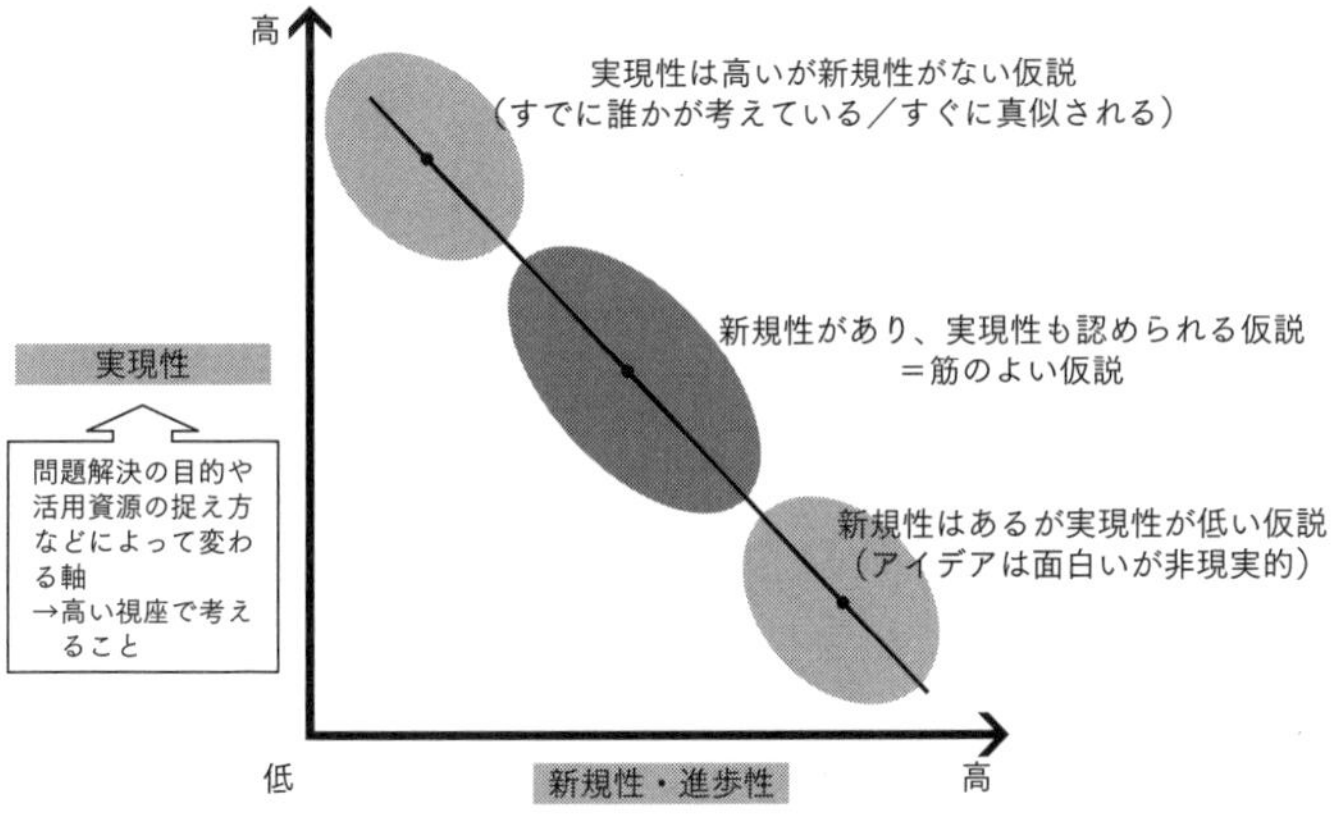

県からも集客が見込めるかも知れないが、高齢者が果たして遠方の音楽イベントに集まるか、リピーターは見込めるのかという部分では「賭け」であり、企画や運営にかかる投資や販促費用などは本当に用意できるのか、収益事業として継続できるのかといった疑問は否めず、実現性という観点で一歩立ち止まって自身の仮説を眺めてみる必要があるだろう。

ただし「実現性」の軸は自身の視座（物事を見る視点や立場）一つで変わってくることも忘れてはならない。多くのクライアントにて実現性の議論をすると「それはわが社の資産やノウハウでは実現できないのではないか」と仰る方々が相当数存在する。こうした視座に留まっていては、どんなに新規性ある仮説を思いついても、最終的には誰でも実現できるような価値の低い解決策しか生まれてこない。

今や顧客の嗜好は多様化し、ものからサービスへと価値モデルがシフトしている中にあって、自社、自部門単独で顧客ニーズのすべてを満たすには無理がある時代になった。業界のライバルだった企業同士が協業、価値提供連合体を形成する。産官学でノウハウを結集しつつ、あるべき姿の実現を目指すなど、自チーム、自部門、自社リソースのみで考えるような低い視座で実現性を測るのではなく、より多くの力をつなげられないかという発想で見ると「筋のよさ」の解釈の幅は格段に広がるはずである。先のスタジアムのケースで言うとタイプ3が近しいであろうか。

目先の売上拡大や限定資源（スタジアム・グッズ）だけで考えるのではなく、もっと高い意義（地方創生）や、より広範なステークホルダー（国・地方自治体）との連携など、与えられた問題に対して、高い視座に立って向き合おうとしていると言えよう。

そもそも限られたエリアの人口を前提に経営再建策を作ろうとしても大きな変革は期待できない。国や地方自治体を地方創生の御旗のもとに巻き込むことで、国レベルのスポーツイベントを誘致したり、あるいは国際的な祭典の開催も不可能ではないかもしれない。実際、幹線道路や新幹線新駅といった交通インフラも整い始めたことを考えると十分に実現可能な取り組みであろう。

さらにそれが一過性とならぬように、高齢者の健康促進と絡めたスポーツイベントの組み立てを行い、地域に240万人存在する高齢者が、その後も定期的にスタジアム周辺に足を運び、お金を落としてくれるような課金型健康テーマパーク（スタジアム周りのサブ公園のような）や月次イベントの開催を同時に展開していくという案だろうか。

与えられた情報や数字だけで小さく考えるのではなく、より高い視座に立ちながら新規性の高いアイデアを考えていく、その視点で筋のよいゴール仮説（解決策仮説）を描くことに努めていただきたい。

企業文化に長く浸かっていると、ともすると実現できる範囲で考える発想が自身の中に知らず知らずに染みついてしまい、新規性の高い発想を生み出そうとする機能に蓋をしてしまいがちである。

複雑な問題に向き合っていくこれからのリーダーにおいては、実現性よりも、まずは意思に基づいた新規性からゴール仮説を考えることを期待したい。

「では、新規性・進歩性と実現性の最適点をどう見つけ出すのか」という問いには残念ながら標準適用できるような方程式は存在しない。しかし、常に二つの視点と自身のゴール仮説を照合させながら照準の合わせ方を鍛錬していくことが重要であり、確実に力をつけていく近道である。

その鍛錬の場・機会をチーム、組織、企業内にたくさん作り出し、議論の経験を積むことにより、結果的に最適点を見つけ出すスキルの向上につなげる。

コンサルティングファームの若いコンサルタントが、ゴールディスカッションのような場で、こうした討議、経験、苦しみをたくさん重ねて成長している事実がそれを裏づけていると言える。

外部リソースを活かして目線を上げる

もう一つ「ゴール仮説の筋のよさ」を磨く方法として是非お勧めしたいのが、外部リソースの積極的な活用である。昨今のテクノロジー進化により、ひと昔前には非現実的と思われた改革が、今では容易に実現できるといったケースも少なくない。

例えば、カーシェアや民泊といったシェアリングエコノミーの台頭を例に取っても、ひと昔前は、仲介業者が間に入ることが当たり前のビジネスモデルであった。それが今では、テクノロジーの進化によって一変し、「オペレーションコストの削減」ではなく、仲介コストをなくす「オペレーションコストのゼロ化が実現できないか」という発想が当たり前になってきた。

私が最も得意とするテーマである営業改革においても、10年前はターゲットを明確にするために、セグメンテーションという手順を当たり前のように行った上で、資源（営業リソースや販促資金など）の効率的な投下戦略を練っていた。

だが今や、顧客一人一人の購買実績だけでなく、どの店に立ち寄ったかといった移動経路からネット上での閲覧・購買履歴などのデジタルデータを使えば「今、誰にどのようなチャネル・コンテンツでアクセスすべきか」を個別に推奨してくれたり、過去の成功パターンをＡＩが分析して同様のモデルに当てはまるユーザーと必勝プロセスをタイムリーに教えてくれるといった真の個客マーケティングが実現できる時代になってきている。

もはや、顧客を類型化してターゲティングする必要もなければ、マネジャーがＳＦＡ(Sales Force Automation：営業支援ツール)を使ってメンバーの行動管理をする必要もない。ＳＦＡツールは直接、営業部員の右腕・ブレインとして営業活動を支援してくれる。

こうした外部で起きているテクノロジー進化や変革情報を知らないまま、「新規性」と「実現性」のトレードオフポイントを見極めようと試みても時代錯誤な着地になりかねない。日常のビジネスシーンの中で閉じていると、こうした外部の動きに乗り遅れてしまう。

今や、世界中から解決策を考える上でのヒントやアイデアが瞬時に得られる時代でもある。この爆発するデジタル情報を自身やチームの「筋のよい」仮説構築のヒントとして活用しない手はない。「考える力」とは少し離れた話にはなったが、ビジネスの環境変化が目まぐるしく変化する中、複雑化する問題に対して筋のよい仮説を生み出すには、自分のこれまでの情報網や人間関係、知識範囲を超えた外部リソースの積極的な活用・取り込みが有効であることを心に留めて日々の習慣にしていただきたい。

ゴール仮説をストーリーに落とし込む

ゴールディスカッションを重ね、仮説の筋のよさも議論し終えたら、相当に個々メンバーの中で成果物のイメージはでき上がっているはずである。では、作業に入ればよいかと言えばＮＯである。

ここで必ず、これまでの議論を経てでき上がったゴール仮説のストーリーを視覚化する手順を加えていただきたい。

われわれコンサルタントの場合は、ゴール仮説がチーム内で固まり、コンセンサスを得られた際には、明確なメッセージとして文字にすることを心がけている。

具体的にはホワイトボードにセンテンスを書き記すことから始め、報告書や提言書のような形の成果物であれば「スケルトン」と呼ばれるメッセージとボディーイメージだけが書かれた紙芝居のドラフト版を作る。

メッセージを上から下へとつなげてでき上がったシナリオをストーリーと呼び、理路整然と流れるかを初期段階から確認する。

ゴール仮説のイメージがしっかりと頭の中で整理されていれば、すんなりストーリーが作れるが、曖昧な状態のまま、いざ書き記してみようとするとうまく流れない。

まだ仮説の段階であるにもかかわらず、一旦ストーリー化する目的は、あくまでゴール仮説の検証に当たり、チーム内でその内容を正しく理解、共有することである。

つまり、この作業は「ゴール仮説の視覚化」という手順の精度を検証するにはもってこいなのだ。例えば以下のような文章ができ上がるイメージである。

▼本3か月間を通じて、いかにして抜本的に業務を効率化し、生産性を30%高めるかという検討をして参りました。

▼結論から申しますと、われわれの業務の7割を占めるA部門の業務にフォーカスして、テクノロジーを使って早急に自動化していくことが最優先課題であると考えます。

▼理由としては三つあります。

- 一つ目は、当該業務のほとんどがベテラン社員によって、ここ10年引き継がれてきた同じプロセス、ルールのもとで遂行されており、人のスキルと経験に過度に依存したままの非常に属人的で非効率な状態にあるという点です。

- 二つ目は、当該業務は直接顧客接点に関わる業務ではないため、抜本的な改革をするにおいて相対的にリスクが低いという点です。
- 三つ目は、当該業務の執行に関しては、ここ数年クラウドソリューションを使った自動化が進んでおり、競合あるいは同様の業界においても数年前から各種テクノロジーを使った業務改革に着手しており、効率化の効果が実証されているという点です。

▼当然この改革を進めるにおいては、A部門からの激しい抵抗が予想されます。実際何名かに聞いてみたところA部門の現場担当者から否定的な声が多く上がってきました。

▼そのほとんどの理由は、これまでのように、阿吽《あうん》の呼吸で担当者同士のノウハウや経験に基づいて柔軟に対応できていた、その人ならではの向き合いを失うことに対する心理的抵抗にあると思われます。

▼この件に関しては二つの進め方の工夫を入れることで、乗り越えられると考えます。

- 一つ目は、環境が昔と違い、生産性を高めていくことが会社の生死に関わることであるという強いトップメッセージを改革冒頭に社長自ら発信していただくこと。

- 二つ目は、2か月のトライアルフェーズを設け、そこで概念実証を行い、実際の効果を体感してもらうアプローチで進めていく。

▼以上を柱とした業務改革を2020年までにやり抜くことで、業務量や業務スピード・精度の向上が実現され、約25％〜40％の生産性向上の実現を狙います。

いかがであろうか。ゴールディスカッションを重ねて全員で磨き上げたゴール仮説を、何となく個人のノートやメールの議事メモ、会議の議事録のパーツに留めておくのではなく、こうしたメッセージにまで文字として落とし込むのである。

PowerPointのメッセージだけを記したパッケージでもかまわない。形はどうでもよいので、文字や粗々の絵として視覚で共有しておくことが肝要なのだ。

私がリードするプロジェクトにおいては、必ず配下のマネジャーに「何の紙も見ずにスラスラとこのストーリーが話せるように」と指導している。

本当にゴール仮説のストーリーが腹に落ちていれば、紙などを見ずに空でスラスラと説明できるものだ。そのレベルまで明確にして共有することが、ここでのポイントである。

情報を立体的に捉えるテクニック

ここで一つ、メッセージを研ぎ澄ますテクニックをご紹介しよう。それは「情報を立体的な階層で整理する」スキルである。

ストーリーを作り上げていく作業は、当然ながら紙やパソコン画面といった二次元の世界で進められるわけだが、上手にストーリーを組み立てられる人というのは、常にその情報が階層化されて立体的な構図で頭の中で整理されているのである。

例えば、「当社の来期の売上は大幅にショートしそうである」という危機感を伝えたいとしよう。その裏には、

- 直近四半期の売上が急激に落ち込んできた
- 競合が矢継ぎ早に技術革新を伴った斬新な新製品を市場投入しはじめている
- ここ1か月の営業会議においても同じような話題が各課から上がってきている
- にもかかわらず、来期の販促予算は今年に比べて削減されている

などの多数の情報が存在しているわけである。そうなると、ついつい言いたいことがたくさん頭の中に思い浮かんできてしまい、

「直近売上が落ち込んできており、各課からも危機感が声高に叫ばれてきており、このままでは競合が新製品を矢継ぎ早に投入してくるであろう来期においては、われわれの売上は、販促も存分に打てないことからも大きくショートするかも知れません」

といった冗長なコミュニケーションになりがちである。本来言いたいことを「幹」とするなら、それ以外の情報はすべて、幹に対する「枝葉」となる。その幹と枝葉をしっかりと切り分けていく際、立体的な構図で情報を整えていく方法をお勧めしたい。例えば、

「売上は大きくショートするであろう（幹）」。なぜならば、

「直近売上が落ち込んできており、各課からも危機感が声高に叫ばれている（枝葉）」

「競合が新製品を矢継ぎ早に投入してくるはずだから（枝葉）」

「販促も存分に打てないため（枝葉）」である。

となる。コミュニケーションが上手な人は、幹と枝葉をしっかり切り分け、濃淡をつけて相手に伝わるようにストーリーを組み立てる。理解しやすくするために幹と枝葉という表現を用いたが、ビジネスシーンにおいて私は、情報を4層に分類して整理するようにしている。（次ページ図13）

最も伝えたいメッセージである「骨子」層（第1層）。その概要や補足説明を行う「説明」層（第2層）。理解をサポートするために捕捉していく「例示」層（第3層）。ストーリーに大筋関係ない雑多な情報としての「余談」層（第4層）の四つの情報レイヤーである。これは常に頭の中で、多々ある情報・メッセージを階層整理していく「情報階層化スキル」である。

通常私たちのビジネスシーンにあっては、PowerPointやWordなど二次元の世界で情報のメリハリをつける作業を行うが、頭の中で常に立体的に整理することで、本来伝えたい骨子が明確に浮かび上がってくる。

是非、三次元の立体的な情報階層化整理術を身につけていただきたい。この情報階層化を強く意識した上で整理することができれば、非常に伝わりやすいストーリーとなることはまちがいない。

図13　構造化を意識したコミュニケーション

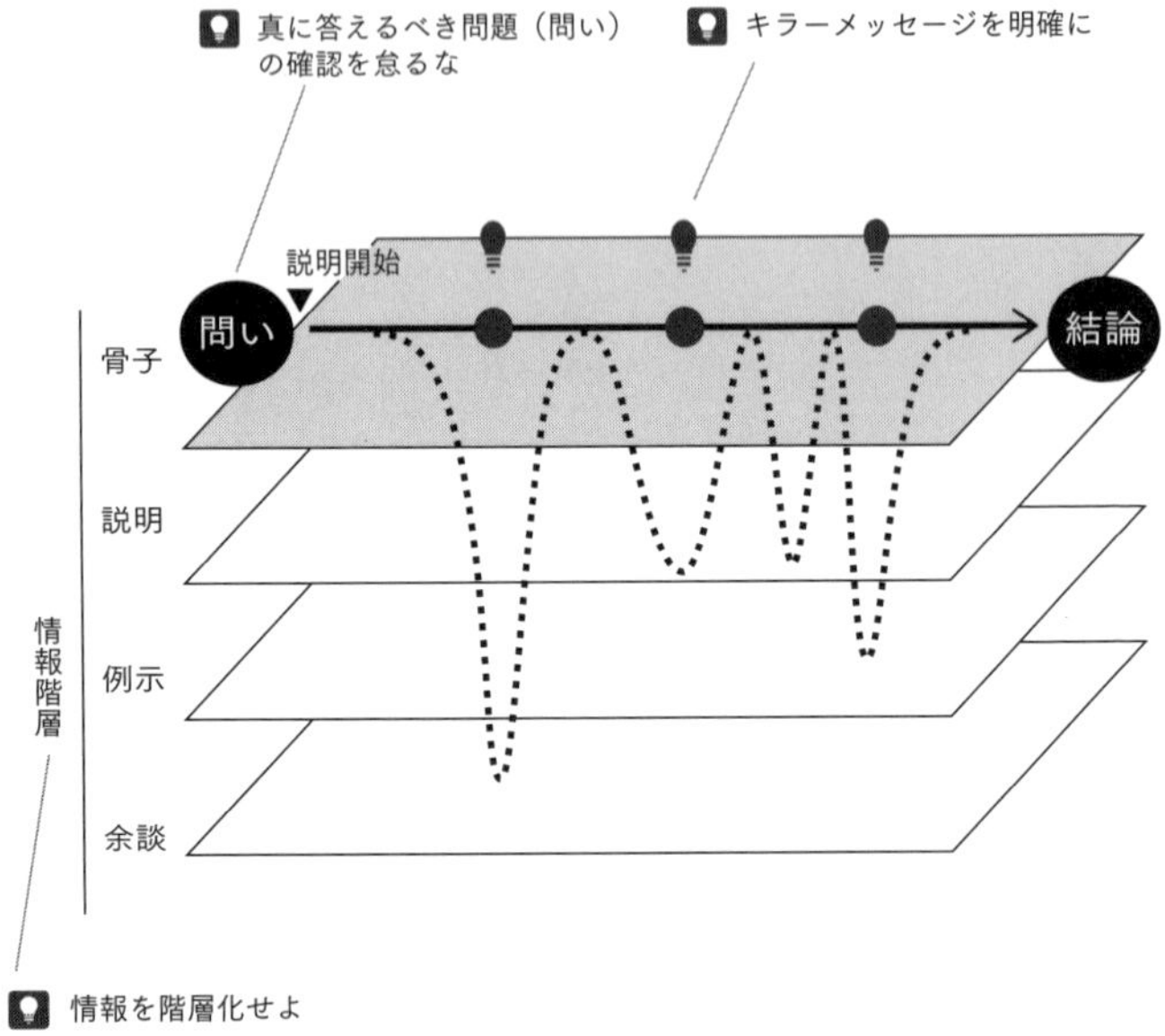

キラーメッセージを絞り込む

ただし、最も上位の骨子層に置かれた情報がすべて重要＝キラーメッセージになるとは限らない点に注意が必要である。中でも、真に答えるべき問題（問い）と照らし合わせた時、特に声を大にして伝えたいメッセージは限られる。ストーリーの中でも「特に言いたいことはこれだ」という思いのこもったコンテンツというものが本来存在するはずである。

われわれコンサルタントの世界では「とにかく言いたいこと三つ」というルールがある。あまりにくどい説明をしていると、上司に「わかったから、言いたいことを三つだけ教えて」とビシッと言われる。

ほとんどのコミュニケーションにおいて、最大でも言いたいことは三つに絞るよう求められる。それに答えられない場合は、本当に言いたいことがクリアになっていない。本当に伝えるべき、議論すべきポイントが考え抜かれていないものと見なされる。

例えば、先の全社問題の抽出ケース（↓66ページ）を思い出していただきたい。

先の解説時には真に答えるべき問題（問い）の設定の重要性を説明したが、問いの設定が正しかったとして、それに対して答えるべきメッセージを整理した上で、とりわけ伝えた

いメッセージを三つに絞って研ぎ澄ませることが必要なのである。例えばこれを、

「戦略領域では経営意思の伝達不足が。プロセス領域では過度に人依存のオペレーションが。組織領域ではナレッジ不足が。ITインフラ領域ではセキュリティーの問題が見つかりました」

と報告したらどうか。情報階層化で言えば、第1階層でしっかりと伝えるべきメッセージであることにまちがいはないが、それが最も伝えたいことなのか。

どこにどのような問題が発見されたかを滔々《とうとう》と説明することが、関係者やチームメンバーと共有したいことではないはずだ。一つ一つ事実を詳細に説明せよという目的の場であればよいかも知れないが、それではあまりにも芸がない。

事実だけの報告共有であれば今や、メールで十分である。チームや関係者が対面でコミュニケーションを行う以上、単純な事実の共有を超えたメッセージの共有や議論にこそ価値が生まれるのである。例えば、

「すべての領域に重要な問題が存在していることがわかったので、これは相互の関係性を一旦整理してから進めないとうまく行かないと思う！」

というメッセージであったり、

「何にも増してセキュリティー問題はリスクが顕在化してからでは遅いので、最優先で取り組んで行くべきではないだろうか！」

というメッセージかも知れない。

自分はその情報や事実を前にして何を一番言いたいのか。何だけはメンバーとしっかり共有したいのか。その見極めを事前にしっかり準備しておくことが、ムダなコミュニケーション時間を減らしていく。

ゴール仮説のストーリーを策定し、チームで共有していくにも、この情報階層化やキラーメッセージの明確化にこだわって進めていただきたい。今まで以上に、クリアで整理されて伝わりやすいストーリーができ上がるはずである。

われわれコンサルタントも、頭でわかっていたつもりでも、いざ文字に起こしてみると頭が混乱して、うまく文章にできないという現実をよく理解している。

「ストーリーを書いてみて」と指示してもストーリーが書けない。あるいはそれがブツ切れになって「流れない」という経験をたくさん積んでいる。だからこそ、若いうちから自身の考えや言いたいことを文章に書き落とす。あるいはPowerPointなどに描いてみて、いかに思ったほど整理されていないかを知らしめられる。文字に起こす訓練は、実はとても重要な思考力を鍛える方法なのである。

PowerPointに文章を明記してもよし、Wordが得意であるならストーリーを書き記してもよし。とにかく、クリアなメッセージを一つ一つ作り出し、初めの一文から最後までストーリーとして流れるような構成を作り上げることにこだわっていただきたい。

当初の段階で100%まちがいのないゴールをイメージできる人間はいない。検証していくうちに全く違っていたり、大きな修正が生じてくるのは当然である。

それでもストーリーとして語れるレベルにゴール仮説を明確に共有し、その検証を何度も繰り返しながら思考を深めていくことが、作業の効率性や成果物の質向上に大きく寄与することはまちがいない。

第5章

全体像を「見える化」し、共有する

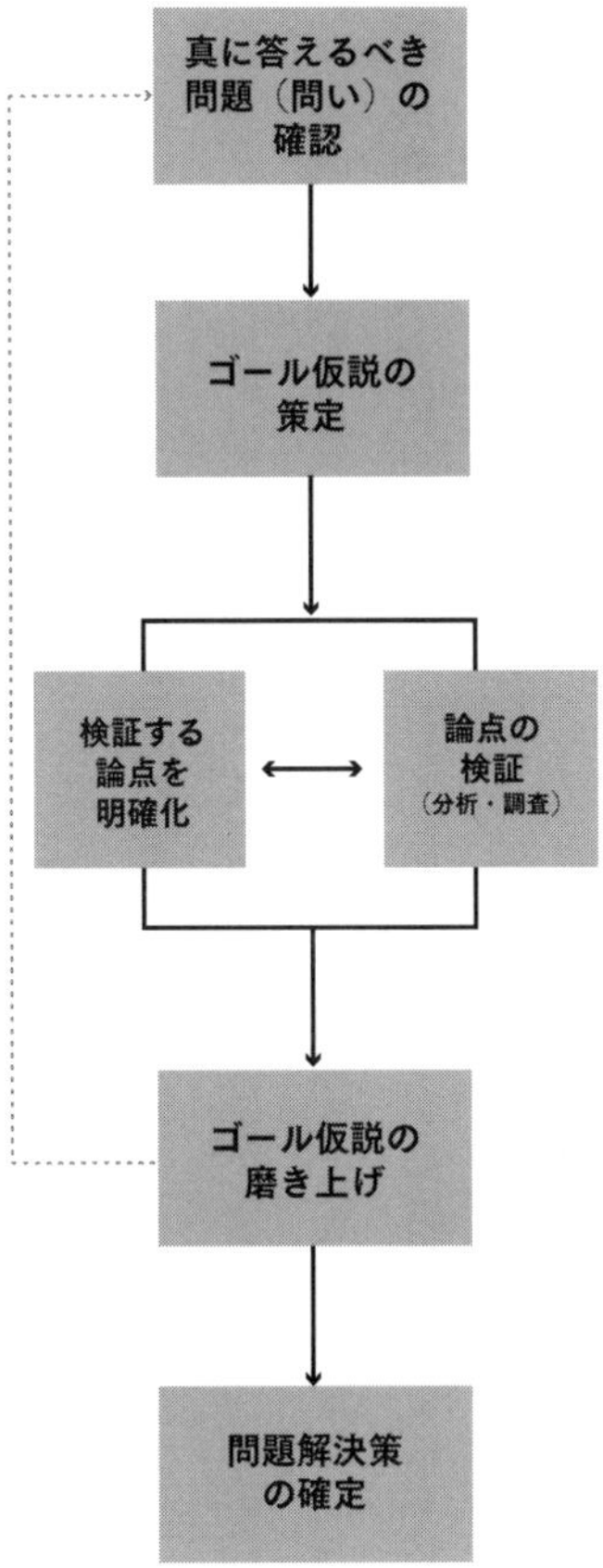

要諦3　鳥の目・虫の目・魚《さかな》の目――全体像を「見える化」する

三つ目の要諦は、作業の随所において、その成果物や作業の手順まで、口頭確認で済ませず「見える化」してメンバー全員で共有することである。

ストーリー作成の作業Ｓｔｅｐでも説明したが、その他の作業においても常に視覚で共有することは、今やリーダーが心がけるべき必須要件である。

ではどうすればよいか。それは、原始的だが視覚を通して覚えるのが一番効果的なのである。伝えたいことや共有したいことを、いくら口頭で念押ししても人間は忘れる。あるいは、頭の中に思い浮かんでいる絵図が実は違っていたというケースもよくある。

ビジネスの世界にあって、難しい状況を突破しなければならない議論をチームでしているような時、単純な文章ではなく、情報収集・分析の仕方や、その成果物のイメージなど、口頭で伝えてリーダーとチームメンバーの間で齟齬《そご》なく伝わることは非常に難しい。だからこそ「見える化」して視覚に訴えるのが効果的なのである。

コンサルタントが議論を行う際、必ずホワイトボードの前に集まるのは、口頭での伝達共有では必ず齟齬が生じ、作業の手戻り（やり直し）といった非効率な状況をもたらすことを確信しているからである。

手戻りが生じることは余計な工数、時間を発生させることと同義であり、「見える化」を図ることで余計な手戻りを発生させないという意識をリーダーは強く持つべきなのだ。

では、具体的にどのような見える化のスキルを磨くことに注力すべきなのか。具体的な実践手順を見ていこう。

三つの「全体像」を常に示す

問題解決のさまざまな局面において見える化は求められるが、その中でもリーダーが特に率先すべきは「全体像の見える化」である。

「ビジネスプロフェッショナルが成功するためには、鳥の目・虫の目・魚の目が必要である」と昔からよく言われているが、まさにそのとおりである。

個々のメンバーは、それぞれ自身が担うべき領域や作業を中心に気持ちも、視点も向いてしまうため、どうしても全体像が見えにくくなってくる。

それが時間の経過とともに、自身の立ち位置やチームメンバー間で理解の整合性にとまどいを与え、心理的ストレスに及ぶことも稀ではない。そこでリーダーは、自らが常に鳥の目を持ち、高い視座から全体像の把握に努め、虫のように重要な作業を中心に深く、多角的視点から細かい作業にまで下りてメンバーの進むべき方向性を指示する必要がある。

加えてリーダーには魚の目も重要になる。その時見ていた景色や前提がその先も一切変わらないという状況は起こり得ない。目には見えない川の流れを常に予測したり、的確に感じ取りながら方向性の修正を指示していくといった「流れを予測する」ことがリーダーには求められる。

ビジネスリーダーがチームメンバーの検討を率いていく上で、まさにこの「鳥の目・虫の目・魚の目」に該当する「全体像」を常に描き、メンバーに示すことが求められる。問題解決に直面しているシーンに当てはめて、より具体的に示すなら、次の三つの「全体像」を描き、実践することが重要になる。

1. 向き合っているテーマの領域や位置づけを表す全体像（「鳥の目」：領域・関係性）
2. ゴール仮説などの成果物イメージの全体像（「虫の目」：成果物）
3. 作業の進め方を示す全体像（「魚の目」：進め方）

1．向き合っているテーマの領域や位置づけを表す全体像（鳥の目）

一つ目は、検討テーマの位置づけを整理するための全体像である。

ビジネスシーンにおいて、一つの問題が他の何にも影響及ぼさず、単体で検討できることは非常に少ない。検討が進むにつれ、「このテーマは別の部門で検討しているテーマと関係するので、しっかり連携してくれるかな？」という指示が上層部から飛んでくることも稀ではないだろう。

結果、連携すべきテーマが多岐に増えたり、新たな問題が追加されるなどしているうち、一体自分達はどこを目指しているのか、その方向性が見えなくなってしまうことも多々あるのではないか。


「これを検討したら、次はここも関係するために追加で検討しなければ」

「それが終わったら、他にも検討テーマが見つかって、さらに追加の作業が発生する」

一体自分達はどのような全体感の中で今の作業を行っているのか、それがわからなくなってしまうような局面である。「木を見て森を見ず」という状況に陥り、時間だけはどんどん過ぎ去っていき出口が見えない。まさに突破できずに非効率な状態にチームを置いてしまっている最たる状況である。

これはすべて、検討当初に、ゴールディスカッションの中での「真に答えるべき問題（問い）の再確認」や、ゴール仮説の構築段階で問題の位置づけや整理がおざなりにされているためと言える。

自分達が検討すべき問題が、企業全体、部門全体の中でどういう位置づけとして整理できるのか。

あるいは、描いたゴール仮説の中で自分達が中心として検討を深めていける領域と関係者が必ず発生する領域はどう色づけされるのか。そうした全体像を示す一枚絵が存在しないことに起因する。

私は小さい頃から日本史が好きだったため、ついつい歴史的なアイテムに喩えたくなるのだが、この全体像の喩えとして、一大城下町を築くシーンを思い浮かべていただきたい。城や町のインフラ一つ一つの作り方を論じる前に、まずは作り上げたい城下町全体の絵の策定から入るのは当然であろう。城だけの構築が任せられるならば、基礎となる石垣と本丸の設計・建築にチーム全員が集中すればよい。

ただし城門の配置場所や門構えの形、周辺設計までも含めた城郭設計を担ったとあれば、城下町の街並みや堀の建築を検討するチームとの連携は必須となる。

自分達が向き合うテーマが、より高い視座から見た際、どのような全体構造の中で、どこに位置づけられるのか。その姿を見える化し、メンバーに示す力がリーダーには求められるのである。

われわれコンサルタントがクライアントと討議する際、あるいは数十名の会議のファシリテーションを担う際、その冒頭において「本討議の位置づけ」といった全体像における今の立ち位置の説明から始めるのは、常に目指している全体像のイメージや関係者の立ち位置を全員で視覚的に確認し、齟齬がない状態で問題解決を進めようとする意識の表れなのである。

2. ゴール仮説などの成果物イメージの全体像（虫の目）

二番目の「全体像」は、成果物のでき上がりの全体感を示したものである。城の喩えで言うと、どういう城にするのか。そのでき上がりイメージを絵として示すスキルである。

ゴール仮説としてストーリーで示したものが、実際どのような成果物として検討期間の終了後にでき上がっているイメージなのか。問題点の分析や調査業務であれば、どういった分析や調査結果が成果物の書類に描き出されるのか（PowerPointでもWordでも）。

各種企画の提言や新規事業の検討であれば、企画や事業案に対して、それを提案する上でどういった付帯情報をもって成果物が構成されている（この場合は経営への答申書など）イメージなのか。

単なる言葉の羅列を超えて、なるべく成果物の実態がよりリアルに目に浮かぶように見える化していくスキルである。

われわれのような提言書や検討報告書を最終成果物とする仕事においては、20〜30枚に及ぶPowerPointのドラフト（スケルトンとも呼ぶ）を作る作業がこの「全体像」に該当する。章立てや一枚一枚のページタイトル、メッセージ、そしてボディーのコンテンツイメージを粗々でよいので書き上げて、チームメンバー全員で成果物の全体像イメージをより正確に共有する。

それによって、常に成果物のイメージを持ちながら、その後のコミュニケーションをスムーズに進めるのである。

この段階においてリーダーは、作業者と同じ目線に降りながら、彼らが最終的に作り上げていく成果物のイメージを一緒に明確な絵にしていく、という虫の目のような見方が重要になってくる。

3. 作業の進め方を示す全体像（魚の目）

最後の「全体像」が時間軸の全体像である。

ここはみなさんも日頃から実践されていることであり、細かな解説は不要だと思うが、検討期間の全体作業計画や流れをしっかりと絵にするスキルである。作業計画表や検討スケジュールと言えば想像できるだろう。

「なんだ、そんな話か」と思われたかも知れないが、この時間軸の全体像を単なるスケジュール落とし込みというレベルで捉えていてはリーダー失格である。

「魚の目」という言葉からも想起できるとおり、「流れ」を読む感性や冷静な分析眼が、実はこの全体像に含まれていることがポイントなのである。

山登りをする時に、登山ルートだけが書かれているマップよりも、どこが危険で、季節によっては突風に気をつけなければならないという場所が示してあったり、もし、危険な状況が生じた場合は、どのような選択肢が想定されるのかまでが書き記されていれば、山を登る側からしても心強いだろう。

問題解決の作業においても同じである。作業計画を作成した当初の予定どおり進むとは限らない。

ビジネスシーンにおいては関係部署、企業活動全体、業界全体の動きなど、さまざまな影響因子の下ですべての作業が進められていることを考えれば当然である。

周囲のビジネスイベントや業界イベントなどで、どのような影響を受けそうなのか、そういった周囲の「流れ」を冷静に読み解きながらメンバーに示していくスキルが必要なのである。

すでに実践されている読者の方も多いとは思うが、われわれコンサルタントがこだわっているポイントを二つほど紹介し、みなさんのスキル向上に寄与できればと思う。

検討アプローチを明確にする

一点目は、細かなスケジュールに落とし込む前に「検討の大きな進め方」をメンバーと意識統一できているかという点である。

われわれコンサルタントが作業計画、スケジュールを描く際には「検討アプローチ」を明確にするという手順を踏んでからスケジュールに落とし込む。

今週は何を行って、来週は何をするのかといった細かな作業スケジュールに入る前に、検討を大きくどのように進めていくのかを大くくりに表し、関係者でそのアプローチを共有するのである。

例えば、本書のテーマであるように、「ゴール仮説を先に徹底的に議論した後に仮説検証型のアプローチで進めます」であったり、「まずはクイックにベータ版を用意してテストマーケティングを行った上で本格導入を図って行きます」というのも進め方の「アプローチ」である。

ゴルフで言うと「ティーショットは200ヤード程度でフェアウェイをキープし、アイアンで確実に3オンを狙っていくアプローチで攻略します」というのと同じであろうか。

正直、細かなスケジュールを見たところで進め方の全体感は掴めない。スケジュールを書き記した本人だけが理解しているというシーンもよく目にする。

検討テーマの複雑さや関係メンバーの多さなど状況はさまざまであろうが、細かなスケジュールを共有する前に、まずはその上位階層として語られるべき大きな「検討アプローチ」を明確に見える化することを心がけると、メンバー間の作業の進め方に対する理解も加速するはずである。

外部影響因子を考慮する

二点目は、検討アプローチやスケジュール全体像を描く上で「外部影響因子」を考慮するという点である。

当初想定していたアプローチや、そこから落とし込んだスケジュールが時間の経過や周囲のビジネス状況の変化を受けて修正が求められるシーンは少なくない。

そうした影響を与えるであろう因子（人事異動や組織改編、会社の業績発表や競合企業の大きなイベントなど、自身の検討問題に影響を与える外部因子は少なくない）を事前に予測してチームメンバー間で共有しておくのである。

例えば、検討領域を企業のバリューチェーンで捉えるなら、営業領域のテーマであれば新製品発売や新たな店舗展開のイベントタイミングを押さえておく必要があるだろう。

経営戦略的な要素であれば、会社の決算発表や、それを受けた株主の反応がどう変わり、どのような影響を受けるのかを予想すべきである。

在庫管理の問題を片づけようと思えば、在庫最適化ロジックだけを考えるのではなく、販売責任を負っている営業側の販売戦略策定のタイミングや販売機能の統廃合などの影響も常に考慮しておかねばならないであろう。

私はこれまで難しいプロジェクトをリードしていく中で、常に問題検討のメインストリームと並行して、ステークホルダーに関わる「主要イベント」とそれを見据えた「コミュニケーションプラン」の二点を最大限スケジュール紙に具体的に書き記し、メンバーと共有するようにしてきた。

そうすることで、スケジュール表が、いつ見ても進捗が予定どおりなのか、遅れているのかといった無機質な判断にしか使われなかったものから、常に周辺イベントの影響を受けて胎動しながら動いていくような「動的な」設計図となり、全員が常に最新の進捗を共有し合おうとする動きの活性化ツールになるのである。

実際に私がプロジェクト管理で用いているシートを参考までに見ていただきたい（152〜153ページ図14）。当然守秘義務上随所に修正は加えているが、本質的なエッセンスは見て取れるようにしている。

この図はデジタル化の流れを捉えて、某クライアントの国内販売機能（店舗や営業拠点・サービス拠点含めて）すべてを、デジタルテクノロジーを積極的に活用して強化・効率化していく支援を行った際、実際に月次ベースでメンバーと共有していたものである。

図を見ながらそこに込めている要素、関係性とそれらの影響を予測、あるいはこちらから流れを作っていくという意図（次ページ図中の点線矢印に注目）を読み取っていただければと思う。図作成タイミングは会計年度2017年3月時点として見ていただきたい。

社長の代替わりが起こり得るタイミングにおいては、必ず社長方針に従って各本部の年度活動計画に修正が加えられる。この時、それまで作り上げてきた「デジタルトランスフォーメーション変革」の「変革構想」が正しく社長自身にしっかり伝わっていないと、ことごとくそれまでの取り組みを無視して新しいことを始めようという傾向もあり、大きな方向転換が余儀なくされるリスクも多分に孕《はら》んでいたため、新社長就任当初の「ご挨拶」を早々に設定し、その場でしっかりと「改革の意図」を説明することで「改革推進の御旗」を得ることを狙ったのである。

そこで御旗を立てることができれば、それに従う各本部役員との目線合わせ、改革パイロットの推進活動に巻き込んでいく流れは約束されたも同然である。

そのため、社長とのコミュニケーションを終えたすぐ後に、鍵となる部門の役員との個別面談を行うことで着実に改革（問題解決）を前進させる。

こうして各所関係するステークホルダーとの「目的合意」をしっかりと行った上でパイ

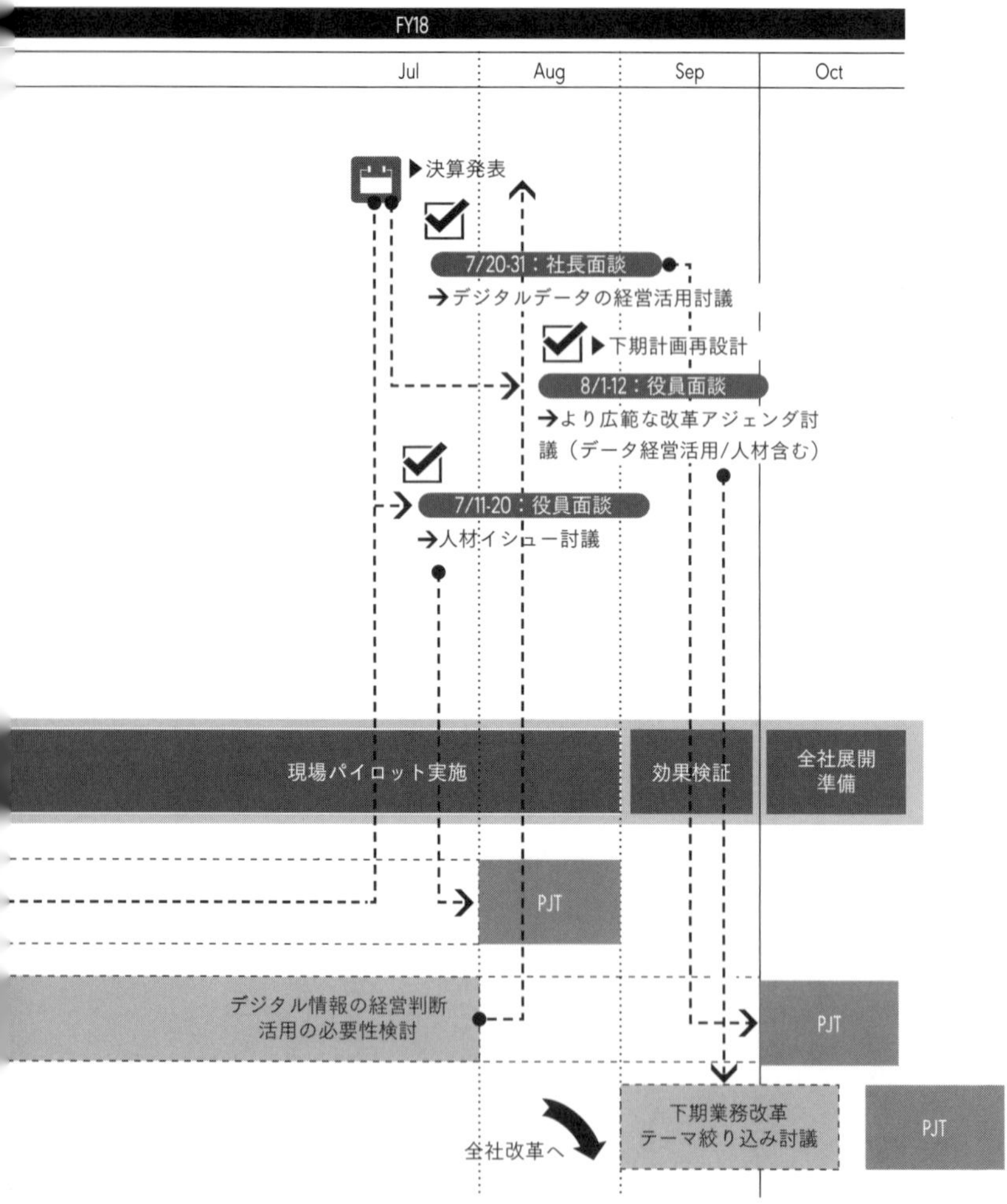
FY18
Jul
Aug
Sep
Oct
▶決算発表
7/20-31：社長面談
→デジタルデータの経営活用討議
▶下期計画再設計
8/1-12：役員面談
→より広範な改革アジェンダ討議（データ経営活用/人材含む）
7/11-20：役員面談
→人材イシュー討議
現場パイロット実施
効果検証
全社展開準備
PJT
デジタル情報の経営判断活用の必要性検討
PJT
全社改革へ
下期業務改革テーマ絞り込み討議
PJT

図14　全体像を示す

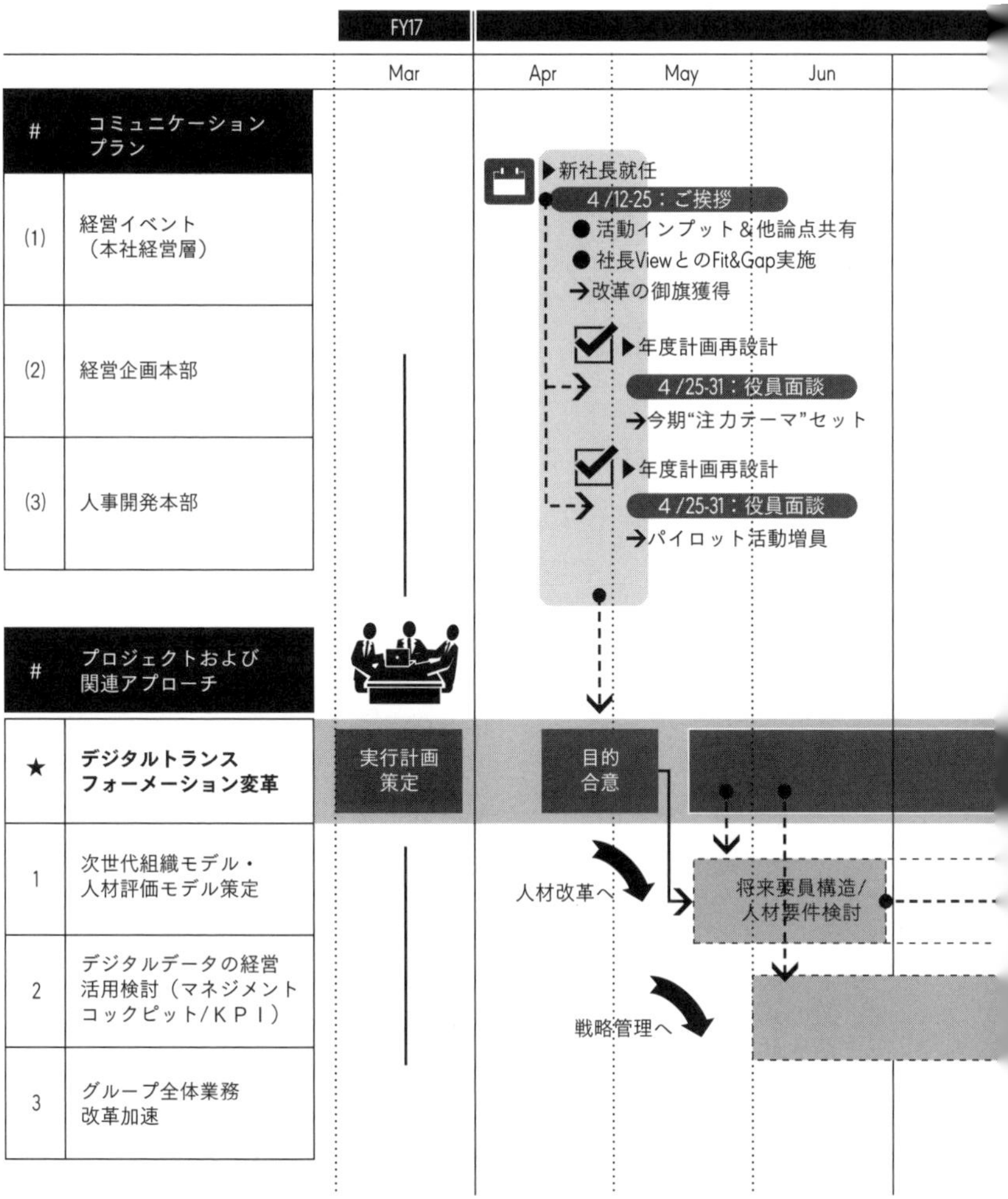

FY17
Mar
Apr
May
Jun
#
コミュニケーションプラン
(1)
経営イベント（本社経営層）
(2)
経営企画本部
(3)
人事開発本部
▶新社長就任
4/12-25：ご挨拶
● 活動インプット＆他論点共有
● 社長ViewとのFit&Gap実施
→改革の御旗獲得
▶年度計画再設計
4/25-31：役員面談
→今期“注力テーマ”セット
▶年度計画再設計
4/25-31：役員面談
→パイロット活動増員
#
プロジェクトおよび関連アプローチ
★
デジタルトランスフォーメーション変革
実行計画策定
目的合意
1
次世代組織モデル・人材評価モデル策定
2
デジタルデータの経営活用検討（マネジメントコックピット/ＫＰＩ）
3
グループ全体業務改革加速
人材改革へ
将来要員構造/人材要件検討
戦略管理へ

ロット作業に入っておくことで、手戻りを未然に防ぐことができるのである。

さらに、無事にパイロットフェーズが動き出したとしても、おそらく「デジタル変革をリードできるようなマネジメントやリーダー人材の不足」といった問題が必ず頭をもたげてきて、変革実現に向けた制約要素となるはずであること。

7月に発表される決算においても「重い人件費の構造変革」はおそらく問題としてハイライトされるであろうこと。

そう考えると、2、3か月後には必ず「あるべき組織や人材モデル」の検討が求められるだろうという仮説が描ける。

その準備を裏で行いながら、決算発表後の7月中旬には人事管理役員としっかりと討議できるように備えておこうと考えたのである。

他にも、顧客接点（店舗／Web／コールセンターなど）のデジタル化加速や、取り扱いサービスのデジタル化などが一層加速すれば、売れ行き情報や顧客反応などすべてがデジタルデータで取得できる。

そうなれば当然、そのデータを生かした俊敏な経営判断が実現できるのではないかという議論が起きても不思議ではないし、決算発表時にもそうした指摘をマーケットから受ける可能性は十分にある。

であれば、パイロットフェーズを通じて「デジタルデータをいかに経営判断に活用していくか」といったテーマへの備えもしていったほうがよいのではないだろうか。

決算の内容を確認した後にはなるが、社長と7月中旬に面談を入れてそのあたりの意向や方向性を討議しておいたほうがよいであろう。…と考えるのである。

いかがであろうか？「魚の目」のイメージが深まったであろうか？

今この瞬間の与えられた問題の作業計画だけで留まるのではなく、自分が向き合っている問題の解決において関係しそうな重要イベントや重要なステークホルダーの動きを、最大限予測しながらプロジェクトへの影響を読み込み、メンバーと共有する。

問題解決アプローチをチームメンバー全員で意識・目線・将来に向けた対応・準備のあり方まで、しっかりと合わせていく仕掛けは検討の精度、スピードを高めていく上で非常に効果的になる。こうした、流れを読んでチームを率いていくスキルがこれからのリーダーには必須である。

なお、ここに記したテクニックは問題解決プロジェクトを進めていく上で使えるだけでなく、営業部員の「アカウントマネジメント」をより戦略的に進めていく際のテクニックとしても十二分に使えるのである。

私自身も重要なお客様との取引をより広く・深くしていく際にも、この「魚の目」テクニックはフルに活用している。

具体的には、複雑なアカウントとの向き合いをより戦略的かつ計画的に進め、関係者に目に見える形で共有するための「アカウントプラン」として活用しているのである。是非そちらの側面においてもご活用いただきたい。

以上、大きく三つのタイプの「全体像」を紹介したが、個別の検証ポイント一つ一つや先に述べたメッセージを横書き文章でホワイトボードに書き記して全員で確認するといった作業上での適時の見える化もやらないよりは、やったほうがよい。しかし、それ以上に大切なのは、ここで紹介した「三つの全体像」の見える化である。

これはチームメンバー全員で共有するための強力な武器であり、チームメンバー一人一人を迷子にさせないためのとても大切なリーダースキルと言える。

リーダーに「見える化」する力が備わっている場合は、適切なタイミングで影響あるメンバー同士でコミュニケーションが自律的に図られたり、想定外の結果が出た際、即座に関係者にアラートが発信されるなど、チーム全体が自律的に動き始める。

見える化に慣れていないうちは、なかなか全員の前に立って全体像を絵にして示すことは難しいかも知れない。最初はなかなかうまく行かないかも知れないが、チャレンジしていくことで必ず力は高まってくるものであり、正直言って場数である。

何度も言うが、限られた時間の中で困難な状況を打開させられるリーダーとなるためには、配下のメンバーの手戻りが発生するような進め方や曖昧な「方向性出し」は極力避けなければならない。

そのためにも精神論としての「鳥の目・虫の目・魚の目」に留めることなく、具体的な実践を伴ってこの三つの全体像の策定・共有に努めていただきたい。

また、ここまで読み進めていただいた読者のみなさんには、32ページのケーススタディー「生産性の壁にぶち当たる7つのシーン」を振り返り、改めてリーダーが備えておくべきノウハウや、発動すべきであったスキルが何であったのか。「それが最初にできていれば、状況はどのように変わったのか」といった考察を是非、加えていただきたい。

個々の差は当然あろうが、本アプローチを知らずして問題解決をリードしていた場合と、知った上でリードしていた場合においては確実に「生産性向上」の差が出ることは感じ取っていただけるはずだ。

以降、さらに理解の促進になればとの思いから、私自身のこれまでの実体験を踏まえて、具体的なシーンにおける失敗事例と成功事例を紙幅の許す範囲で紹介したいと思う。

第6章

事例から学ぶ、失敗と成功を分けた要因

1．失敗事例からの学びと気づき

①ゴール仮説を欠いたため、検討が停滞

プロジェクトの内容

コンサルタントとして初めて戦略を作るプロジェクトに入った時のこと。某製薬会社の栄養ドリンクのマーケティング戦略を策定するというテーマであった。

中途入社であったため、下にもう一人、プロパー（新卒入社の生え抜き社員）の若手を従えて、マネジャーの下でこのテーマに一人、責任を持って当たることになった。

今思えば、社会人経験として4年ほどあったとはいえ、問題解決のスキルや経験値で言えば、新人に毛が生えた程度の状況である。

正直、どのような作業Ｓｔｅｐで進めて行けばよいか全くわからず、とにかくマネジャーとの会話から感じ取れる作業テーマを見つけては「では、まず栄養ドリンクの市場規模を調べればよいでしょうか？」「では、消費者調査の準備を今週中に終わらせればよ

いでしょうか？」という具合に、自分がすべき作業内容、上司がやってほしいと思っている作業が何であるのかだけは聞き漏らさず、確認を怠らず業務を遂行することが自分が果たすべき役割だと思い、当初2、3週間を過ごしたことを覚えている。

「市場規模は拡大して来ていますね」

「この3年間で150％近く拡大しています」

確かに市場規模を調べ、その結果を自分なりに報告した。しかしそこにはゴール仮説から始める思考など皆無な一作業者がいただけなのである。

ゴール仮説がないことがなぜ、ダメだったのか

そもそもの目的は、マーケティング戦略を策定するために、最終的にターゲットユーザーを炙《あぶ》り出し、効果的なマーケティングアクションを作り上げていくことであった。

しかし当時の私は、そんな全体感もなければ最終的なゴール仮説なんて全く持ち得ていなかった。故に「市場は伸びています」というような調査結果をチームに提示したところで「なるほど、そこに魅力的なターゲットユーザーが存在しそうだね！」「であれば、そのエリアをより深く調べて見ようか？」などと言った次なる作業に続くような議論が生

まれるはずもない。

「市場は伸びている？　それはそうだろ。だからクライアントも栄養ドリンクに力入れているんだろ！　そもそも聞きたいけれど、どういう市場、どういった人達が栄養ドリンク市場の拡大を牽引していると思ってるの？　これからどういう人達に売り込んで行けばいいと思っているの？　その考えを聞かせてよ」とマネジャーから厳しく詰問される羽目になった。恥ずかしながら、そう言われた当時の私は瞬間的に「そんなことわかるわけないじゃないですか。であれば、さらに一週間程度調べてから答えさせて下さいよ」と内心思ったほどである。

調べていけば何かが見える。あれやこれやとじっくりと調べてからでなければ何も言うことはできない。そういう発想を当然だと思い込んでいたのである。たくさん調べて情報を持ち寄り議論を重ねていけば、徐々にゴールが見えてくるのではないか。そんなふうに考えていたのであろう。まさに完全なる仮説思考の欠如である。

「注力すべき、あるいは新たに掘り起こすべきターゲットユーザーはこういう人達なんだろうな」といった朧《おぼろ》げながらも初期的な仮説を持ちながら市場を眺め、調べ、徐々に仮説の精度を高めていく。

仮説の域を抜けないながらも「市場が拡大している要因は恐らく、こうした購入層が牽引しているのではないか」という考察を合わせながらチーム討議に当たる。そうした問題解決アプローチに基づいた市場分析をリードしていくことが、私への期待であったのだ。

私が根本的に犯していたまちがいは「相当に調べてからでなければ仮説なんて作れるはずがない」という現状分析偏重型思考を、当然のように考えていた点にある。

ゴール仮説から始める問題解決アプローチを理解していないために、その後、いくらマネジャーからヒントや指示を与えられても、相変わらず作業遂行の意識が強すぎて、非常にムダな成果物をたくさんチームに持ち込んでしまったのである。

当時、栄養ドリンクは「24時間戦えますか！」などと言うキャッチコピーが街で流行るようながむしゃらに仕事をするビジネス気運に加え、コンビニエンスストアの拡大によって、いつでも気軽に買えるようになったこともあり、着実に市場が拡大していた。製薬会社各社は競って広告費や流通各社への販売手数料、販売促進費を積んで、この流れに乗り遅れまいと躍起になっていた時代であった。

少なくとも市場環境など、知ろうとさえすれば1日で知ることができるテーマである。一歩掘り下げて、「ビジネスマン、それもハードワークで疲れたビジネスマンがメインユーザーでありそう」という仮説も持ち得たであろう。

ただ意思なく表面的に調べた市場規模ではなく、それを日本のビジネスマンの人口、あるいは残業時間の伸び率などと掛け合わせて調べてみれば、この初期的な仮説にもう少し自信も持てたであろう。たとえそこまでできなくても、何名かの周囲の先輩にヒアリングしてもよかったかも知れない。最終的にチームの力を借りてゴール仮説から作り直す作業に戻ったのは言うまでもない。

チームで共有したゴール仮説の実際

これからの市場は恐らく三つに分化して広がっていくはず。

①仕事に疲れたビジネスマンが近くのコンビニで購入する低価格帯ドリンク市場

②風邪をひいたり、引き始めの予防時にコンビニかドラックストアで購入する中・高価格帯市場

③美容意識の高まりに応じて、今後伸びるであろう女性向け栄養ドリンク市場

すべてに網を張るよりは、製薬会社としてのブランドが活かせる①と②に絞って市場拡

大を図るべき。その際ブランドは明確に分けることで、高価格帯の安売りを回避し、利益を着実に積み増すべき。

こういった仮説をチーム全員が共有した上で作業がスタートされたのである。その後、この仮説を検証すべく、消費者インタビューを行った。その時は、

●誰が（ビジネスマン／ＯＬ／シニアなど）
●どういったシーンで（疲労回復／美容／風邪／飲み会など）
●どこで（薬局／コンビニ／スーパーなど）
●いくらで

などを細かく調査していったわけだが、調査開始前に既にプロジェクト内でゴール仮説が共有されていたことで、検証すべきポイントが明確になり、当然ながら設問項目もクリアに設計できた。ゴール仮説が明確に議論され、共有されているため、調査開始前から調査

後の成果物レポートのイメージが頭にうっすらと浮かんだ状態で進んでいったのである。

このケースでの学び・気づき

では、なぜ当時の私が今思えば当たり前のアプローチを取ることができなかったのか。

ここはシンプルに、このゴール仮説から始める問題解決アプローチを知らなかったからと断言できる。

ゴール仮説を描くことの重要性も有効性もそのスキルも持ち得ていなかったため、結果としてチームがこの仮説を設定して検証作業に入るまでに1か月近くも費やさせてしまったのは、私にとって駆け出しコンサルタント時代の苦い記憶である。

問題解決の最初のSｔｅｐとして「ゴール仮説を絶対に作るのだ」という基本動作を理解し、そこを曖昧にしないことの重要性をご理解いただけたであろうか。

自分が最後に築き上げる成果物はどういう姿なのか、どういう提言なのか、あるいはどういう施策なのか、どういったものなのか。

それを先に考え抜くこと、その基本動作を怠らないことが、その後の作業精度やスピードを最大化して、よりよい成果物をもたらしてくれるのである。

②「深さ」の議論・共有不足がチームを不安に

プロジェクトの内容

問題解決といった色合いから、やや逸《そ》れるかも知れないが、ゴール仮説から始めていくことの重要性を痛感した事例をもう一つご紹介したい。

日本のパソコン製造事業が徐々に廉価な海外製品に押され、国内メーカー各社はそれに負けまいと規模を求めて合従連衡《がっしょうれんこう》に奔走し始めた頃、突如、オペレーション事業(目標達成のため保持する業務・機能とそれらの運営ルール・手順)統合の支援をクライアントに依頼された。状況を詳しく述べると、統合発表の半年前から既に両社メンバーが集まり、パソコン事業の製造から販売までのすべてのオペレーション統合を進めることをミッションに特命プロジェクトが編成され、動き始めていた。

しかし、経営陣からすると「部品調達プロセスの統合」「在庫管理プロセス統合」「品質管理基準の統一」といった一つ一つ必要な統合テーマを挙げて進めてはいるものの、全体感が見えずに不安で仕方がないという問題を抱えていたのである。そこで急遽外部コンサルタントの力を借りて、その不安を払拭しようとしたのだった。

初めてそのプロジェクトに顔を出した日のことを今でもよく覚えている。

それなりに下調べもした上で、「オペレーションプロセスの全体像をしっかり描き、漏らすことなくオペレーション統合を進めていくぞ」と意気込んで踏み込んだが、プロジェクトリーダーが随所に発している雰囲気から「とにかくやることがたくさんありすぎて、打ち合わせの時間なんて少しでも減らしたい。一気に効率性を高められるような魔法でも与えてくれるなら別だが、こちらはそれなりに考えて動いているのだから、今さら動きを邪魔しないでくれ」といったメッセージをひしひしと感じたのである。

その一方で、担当メンバーは経営陣と同じく、彼らは常に「大丈夫だろうか。肝心な部分を見落としていないだろうか」という不安に駆られている状態であった。

このリーダーは「オペレーション統合後の姿はこうあるべし」というある程度のゴール仮説を自分なりに有している非常に優れた人物だった。

ただし、そのゴールイメージをプロジェクトメンバー全員で討議、共有することなく目先の作業指示だけを行なっていたため、担当メンバーのみならず経営陣も「大丈夫か？」「『木を見て森を見ず』になっていないか」という不安を与えてしまっていたのである。

「広さ」にこだわり、「深さ」を見落としてしまったワナ

そこでまず私が着手したのは、検討すべき要素の枠組みをしっかりと築き上げることだった。これがかえってクライアントとの溝を生むことになるとは思いもせずにである。パソコンの製造プロセスを開発設計から部材調達、組立製造、物流、販売までのバリューチェーン（各工程ごとにどの程度の付加価値が生まれているか）を頭に思い浮かべながら、さらにもう一段、二段、詳細な作業レベルまで業務を分解した全体構成図を作った上で各統合作業の進捗を一覧整理することに取り組み始めた。

問題解決におけるゴール仮説を作るための基本動作として、網羅的な枠組みで問題の領域がどこなのか（この場合は検討の領域）の「広さ」を押さえることにこだわったわけである。「とにかく全体像を明確にしてそれを共有すべきである」という目的ばかりに軸足を置き、調達→組立→製造→品質管理→物流というオペレーション機能ごとに規定されていた施策をエクセル上で再度整理した。そこに優先度をつけて実行計画を共有すべしと考え、週次ミーティングをクライアント担当者に要求し、枠組みや要素を整理することに多くの時間を求めたのである。

ここに大きな落とし穴があった。今、振り返ると理解できるのだが、検討要素の「広

さ」ばかりに意識を傾け過ぎてしまい、なぜ計画どおりに進まないのか。各要素において何が大事なのか。どこが肝となるのかといった「深さ」の議論に向き合う意識が弱かったために、クライアントの担当リーダーとの間に共通の理解が醸成できなかったのである。そのため、クライアントと一枚岩になるどころか、完全に川を挟んで対峙するような雰囲気になってしまったのだ。

見当違いが発生していることを後から気づかされたのだが、この統合プロジェクトは何も進んでいなかったわけではなかった。社内に漂う不安の根源となっていたのは、統合を計画どおり進める上で、「どの検討要素が肝となるのか（「広さ」の特定）」「肝となるポイントに対して、どのような取り組みが必要なのか」「それはどれほど重要なのか」「なぜなのか」といった「深さ」の議論とチームでの共有が不十分であったためなのだ。

正しく言うと、リーダーが自分の中だけでその理解を済ませ、メンバー全員に見える化してその「深さ」の重要性や、解決策の仮説を、検討当初に明示してこなかった点にあったのだ。

当初からこの「深さ」の議論が尽くされて、統合上重要な検討要素が何であり、そこを進めていく上でどういった点が肝になるのか（関係部署の巻き込み、技術的な制約排除、組織文化の統合など）までがゴール仮説で描かれ、メンバー間で共有されていれば、計画どおりに進まない局面において「どのポイントが当初どおりに進まず壁にぶち当たっているのか」の議論はスムーズに進んだはずである。

「広さ」「深さ」の二つの視点をしっかりと利かせて重要な問題点（検討要素）の濃淡づけと円滑に進めていく際に何が大切なのか、どのようなポイントが肝になるのかといった「深さ」の視点も含めたゴール仮説を当初に描くことの重要性を痛感した事例であった。

「そんなバカなことはないでしょう。普通、統合作業を始める時は計画を作って上申するはずでしょう」と多くの読者が思われるであろう。そのとおり、このプロジェクトもその手続きは踏んでいたが、それが徹底、共有されている度合いがあまりにも軽すぎた点に混乱の元があったのである。真に答えるべき問題（問い）を整理すると、

①オペレーション統合／改革を行うことの大目的は何なのか
②そのためには、何をどういうＳｔｅｐで進めていけばよいのか
③特に重要な要素は何で、その部分の作業は具体的にどう進めるべきか

といった、単純な三つのポイントに過ぎない。

①はゴール仮説を作る上で、真に答えるべき問題(問い)を確認する作業と同義であり、②は「検討の広さ」を構造的な要素分解でしっかりと押さえ、③でいよいよ深い検証ポイントに踏み込んで仮説を磨いていくという形になるわけだが、ここに対してチーム、さらには関係各部署や経営との共有が曖昧なまま、急いで個別作業に入ったことが混乱の元であった。

ややもすると統合シナジーは、重複コストの削減が確実に利益を創出しやすいため、コスト効率化効果が大きい業務から順次手をつけていきたくなるものである。経営もそれを求めるケースは少なくない。

しかし、販売の最前線に立つマーケティングや営業、コールセンターといった部門からすれば、直接お客様に向き合っているので、社内オペレーション統合が要因となって質が下がってはたまったものではない。つまり利害対立がそこには生じやすいことになる。

だからこそ、「統合後にコストが大きく下がっていればよい」という単純なでき姿ではなく、「お客様への向き合いや提供価値(コストが下がる、対応スピードが上がる、選択商品の幅が広がるなど、お客様側が実感できる価値)を大きく深化させられるように統合オペレーションを作り上げるには、どのように進めていくべきなのか」という真に答えるべき問題（問い）を明確にすることが最初の作業だったのだ。

その上で費用対効果を忘れず、かつ目的達成のために、どのような優先度で作業を進めていくのか。その明確なゴール仮説と作業アプローチを開始早々に、もっと明確にしておくことができていれば、不安なくプロジェクトは進んでいただろう。

このケースでの学び・気づき

このケースでは、プロジェクトリーダーがゴール仮説を早々に描き出す力は確実にあったと言える。しかし、ゴール仮説から始めて問題解決を図っていく上で、リーダー自身だけがゴールイメージを理解していて、それを何となくでしか伝えていなかった曖昧な状態でスタートを切っていた点に問題があった。

同時に、その本質を見抜けず、ゴール仮説を構成する問題領域の「広さ」の整理だけを求め、問題が生じている真因への考察が甘かった私もまだまだ未熟であると気づかせてくれる契機となった。

③筋のよいゴール仮説を生み出す視座の違いを痛感

プロジェクトの内容

２０００年代初頭、通信事業に相次いで参入の狼煙《のろし》を上げたのが電力会社であった。自社の電力業務用光ファイバーを活かして、新たな収益源として大いに期待されたものの、結果は鳴かず飛ばずで終わってしまった。

私もその中の一つの電力会社からの依頼で通信事業戦略の策定をご支援することができたわけだが、このプロジェクトにおいても大きな学び・気づきを得たので紹介したい。

すでにゴール仮説から始める問題解決アプローチは相応に身につけていたため、プロジェクト開始当初からゴール仮説は保持していた。

チームで共有したゴール仮説の実際

①世の中はさまざまな情報、放送コンテンツをインターネット経由で取得・交換し合う時代に入るため、まちがいなくネット市場は現状の数十倍のマーケットに拡大する。

②そうなってくると、ワンストップでさまざまなサービスを束ねて最適な形で提供できるサービスプレイヤーの価値が向上するはず。

③すでに敷設している光ファイバー網と、ケーブルテレビ事業で有する顧客基盤を存分に活かすことができれば事業として立ち上がるはず。

④鍵となるのはそのアセット（資産）を活かすためのマーケティングの巧拙にある。とりわけCATV放送と、電話、インターネットを設定したトリプルプレイメニューの展開は必須である。電力ユーザーのみならず、サービスメニューの一部提供に留まっている顧客に対して魅力的な価格で映像コンテンツを届けられる、継続的なコンテンツ開発力と柔軟な価格設定とサービスを隅々まで行き届けられる販売力の構築が鍵。

当時、こうしたゴール仮説を設定した記憶がある。当然その仮説を検証するための論点もここから分解する形で落とし込んでいき、途中、何度か紆余曲折や多少の手戻りは発生したものの、概ね仮説に近しい戦略を提言した。

クライアントの錚々《そうそう》たる役員陣を前に、通信事業への新たな進出は非常に魅力的であり、新たな収益源となり得ることを、分析データを踏まえながら若さに任せた熱量で2時間近く力説して終えた。

そんな自己満足に陶酔していたのも束の間、私の横で座っていたパートナーが「最後に一言だけいいですか？　これはとても大事な点なので是非、真剣に聞いていただきたい」と言葉を発したのである。

「電力事業を取り巻く環境変化や競合の動向、そして貴社が長い歴史の中で築き上げてきた顧客基盤や各種経営資産の魅力。そして地域での高い名声と信頼感。

それらを総合的に鑑みれば、通信事業に資源を投下してチャレンジするのは魅力的であり、先程、佐渡から説明したとおり、さまざまな施策を講じることで、新たな事業として立ち上げることは可能だと思います。

ただ一つだけ、これまでとは完全に切り離して考えていただきたいことがあります。

それはみなさんのような電力事業を長年牽引されて来たお偉方が、この新たな事業のマネジメントに入らない覚悟があるかどうかという点です。

これからやろうとしていることは、これまでのビジネスとは変化のスピードも供給側と消費側のパワーバランスも根本的に異なるビジネスです。

電力事業は日進月歩で消費者ニーズが変わったり、競合との価格競争に常に敏感に向き合わねばならないというシーンはほとんどなかったはずです。

ところが通信事業は違います。消費者のニーズは今後急速なスピードで変化を遂げていきます。ニーズそのものも、もっと複雑化していきます。

今すぐ意思決定しなければ、全く無名のベンチャー企業にお客様を奪われることだって起こり得るビジネスなんです。

その舵取りができますか？ 30年、40年という長い間、いろいろな人との調整過程を経て物事を決める文化が染みついたみなさまが、過去の延長線上や成功体験を切り離して意思決定を行なっていく自信はありますか？

事業を成功に導くためのさまざまな論点が今日は議論され、現状での方向性を全員で明確にすることができました。

最後にこの論点、『スピードに追随できるマネジメント体制をどう構築するか？』を是非みなさまで話し合っていただきたい。それが弊社からの最後の提言です」。

このケースでの学び・気づき

まさに、目から鱗であった。

なぜ、自分には「マネジメントのあり方を大きく変えられるか」という深い論点が出せなかったのか。

なぜ、ゴール仮説を作り出す際にその視点が出てこなかったのか。

なぜ、私のボスはそういう視点で本質的な指摘ができたのであろうか。

単に「経験の差」というので片づけてしまっては面白くも何ともないし、そうではない。やはりそこには共通項が存在する。

「いや、マネジメントやコーポレートガバナンス（企業統治）に関して検討するのは当たり前でしょう。その検討要素を漏らしていた時点で問題があったんじゃないの」と思われる読者も少なくないかも知れない。確かにそこは反省すべき点ではあるが、決して検討要素として漏らしていたわけではない。

新たな事業を行うための準備室は立ち上がっており、自然とその長も決まっているような雰囲気の中で検討を始めたことから、「マネジメントのあり方を大きく変えられるか」

という点の重要性をそれほど感じずにスタートしたため、「戦略方針や施策の合意が取れた後の作業として、マネジメント体制を作り上げればいいや」という程度に捉えて検討を進めていたというのが実態である。

検討要素の枠組みや「広さ」の視点で「マネジメント体制はどうすべきか」について漏らしてはいなかったが、「深さ」へのこだわりが甘かったというのが事実である。

その時なぜ、ゴール仮説を作る過程で、特に深く議論すべき問題解決に対する真因として置けなかったのか。個別の仮説の論点(検証ポイント)に深みをもたらす要因とは何か。そこが問題なのだ。

筋のよいゴール仮説にもつながる「深み」のある真因の考察。その論点を抽出するには何かが足りない。それは何なのか。

それは「高い視座」に立った創造性の発動である。視座とは物事を見る視点や立場のことを言うが、視座の高さは、今の自分の目線ではなく、一つも二つも上の人の目線で目の前の問題に対する解決策を考えようとしているかによる。あるべきは「経営者や事業責任者の目線に立って考えること」である。

自らが社長であれば、本当に事業の舵取りをすることへの不安に苛まれるものである。

そのトップの視点から考えるだけの視座を持てていたか。コンサルタント業界の基本的な心構えとしてオーナーシップ（自分自身の課題として認識すること）を若いうちから徹底されるのだが、何も「作業に責任を持ちなさい」「自分ごととして考えなさい」といったレベルを述べているわけではない。

「その問題解決によって生きるか死ぬかの責任を取らねばならないほど、自分ごととして問題解決策を考え抜こうとしているか」というレベルでの精神論に近しい。

どんな問題であれ、必ず会社全体の利益の向上に最終的にはつながるべきものでなければならない。

その意味では、あらゆる問題解決策の最終承認者は経営トップである社長と捉えても過言ではない以上、社長と同じ視点で、目の前の問題解決に当たれているか。ゴール仮説が社長の意思決定に資するものかどうかという点で問題解決に当たるべきである。

「そんなことを言われても、社長や事業責任者という立場を経験したこともないし、そういう役割ではないので不可能ではないか」という読者も少なくないかもしれない。

しかし、オーナーシップを持つこと。その徹底度合い一つで大きく変わるものである。

そこまで一足飛びに行かないとしても、「それまでの常識を疑う」ことは是非、意識して実践していただきたい。それまでの常識や延長線上に置いてしまっている勝手な前提を徹底的に疑うことを習慣にしてしまうのである。

何か問題を解く際や、本当の問題点を炙《あぶ》り出す時、過度な思い込みや前提を置いてしまうと思考の広さも深さも狭めてしまい、結果ダイナミックなアクションにつながらなくなってしまう。何を前提と置くか。何を所与のことにするかは非常に大事な前捌《さば》きとなる。

一人一人の中で長く染みついた常識や経験、時には自分の周りを支配する力学など、多様な影響を受けて「ここは変えられるものではないし、これまでも深い議論になったこともないので前提・所与にしよう」と勝手に判別してしまいがちである。

視座を高く持つためにはこれまでの常識を疑い、延長線上にはないゴールを考える。現状をあえて否定するという基本姿勢がとても大事になってくる。むしろ当然と思い込んでいる前提を変えてみる所にこそ、新規性も高く、ハッと思わせるような改革施策の種が潜んでいると言っても過言ではないかも知れない。

真に答えるべき問いを設定して、検討要素の「広さ」を構造的に考えて整理しながら検討を深めていく。ここまでは基本動作として勉強を重ねて積み上げていけば、着実にスキルアップできる。

さらに、筋のよさを与えるための創造性を掛け合わせ、論点に「深さ」を生み出すには、「過去の慣習や思考の縛りの中で当たり前として思い込んでいる前提を徹底的に疑う」ことと、「強いオーナーシップを持って高い視座であるべき姿を考えようとするかどうか」にある。

勝手な前提を置くことで、いかに自分の仮説思考力を狭めてしまっていたか。いかに視座が低く、まだまだオーナーシップが足りなかったかを痛感させられた経験であった。

④メリット／デメリットの比較で論点の浅さを露呈

プロジェクトの内容

ゴール仮説を作る際、当然ながらさまざまな選択肢があってよいが、選択肢は、必ず比較評価して最もよいプランを選び切る作業を伴う。そこにも思考の「深さ」が問われる。

私自身がまだコンサルタントのマネジャーになりたての頃、ある大手香料会社のプロジェクトで成長戦略を検討していた時の話である。

香料は、さまざまな食品や菓子類、化粧品などの日用品に香りづけのために添加され、日常生活のあらゆるシーンで裏方として活躍している製品である。

2000年代半ばから清涼飲料水や緑茶飲料といった健康志向を表す製品がマーケットを席巻し始めたことで、香料会社はさらなる成長を図るための大きな戦力変換が迫られていた。そうした中、「エキス」と呼ばれる無香料市場に徹底的にリソースをシフトする。

その一方で健康志向の高まりにより、今後大きな成長が見込めない菓子類への香料は事業売却も判断すべきではないかということを、ゴール仮説の第一選択肢としつつ、全部で三つの選択肢を開始早々のゴールディスカッションで策定した。なぜこうした選択肢が抽

出されたか。それは、

- 健康志向市場の高まりに対して香料の市場性はあるか
- クライアントが有する強み弱みを考えた時、十分戦っていけそうか
- 中長期的に価格消耗戦に陥るような市場ではないか
- 流通業者により過度に価格コントロールを握られる市場ではないか

といったさまざまな視点に対して初期評価を重ね、最後に「甲乙あれど、総じて検討するに有望である」という判断で設定した選択肢だったのである。

メリット／デメリットの対比は論点の浅さを露呈してしまう

さて、ここからが本題である。

この初期的なゴール仮説を、クライアント企業の役員を交えた場で討議するための資料をプロジェクト内で準備していた時のこと、選択肢を表形式で記載し、それぞれのメリットとデメリットの枠を設け、文章で書き記していった。（図15）

図15　メリット／デメリット整理での陥りやすいワナ

	メリット	デメリット	評価
オプション①	安い　早い　調整易	連携難	◎
オプション②	連携可	高い　遅い　調整難	×
オプション③	調整易	高い　遅い	△

▼「メリットは？」「デメリットは？」というオープンクエスチョンで議論が進むため、非効率

▼メリット・デメリットの書き方にも往々にして恣意（しい）性が入る

➡本当に議論すべきポイントが何なのかを曖昧にしている状態

	評価視点（論点）				評価
	コスト	効果 スピード	部署連携 しやすさ	関係者 調整負荷	
オプション①	◎	◎	×	◎	◎
オプション②	×	×	○	×	×
オプション③	×	×	△	◎	△

▼四つの視点において各オプションがどの程度満たすのかという具体的な論点で議論が進む

➡評価作業における議論が「点」になり、深みを帯びる

例えば、「この選択肢は確実に市場を捉えることができるが、競合との差別性は図りにくい。一方、この選択肢はクライアントが有する営業力という武器を最大限使えそうだ。その一方で将来的な価格消耗戦のリスクが高い」などである。

おそらくみなさんも社内検討の支援において、二つ三つのアイデアを比較する際、それぞれのメリット／デメリットを文章で表現するシーンが多々あると思う。

それらを関係者がすべて目を通した上で「どちらがよいですか」という議論の進め方をするだろう。こうした資料を私もまさに作っていたのである（この段階では仮説）。

その時レビューをしてくれた当時のパートナーが優しく一言、

「これは結局、各選択肢を比較することから逃げているよね。大事なのはどういう要素で比較をするのか。その要素を明確にした上で各要素ごとの評価をしっかりと考え、議論に乗せることだよね。

当然、メリット／デメリットの枠が自由に書けるのであれば、人は強く押したい選択肢にたくさんのメリットを記載し、あまり押したくない選択肢のデメリット欄にもたくさんのデメリットを記載してしまうものだよ。

それでは何も整理されたことにはならず、ゴール仮説の確からしさを検証するポイント設定から目を逸していることと同義だよ。恣意《しい》的な論拠を並べ立てているに等しいので、この後、各論点を検証していったとしても確からしさは確認できないよ」。

と喝破されたのだ。

このケースでの学び・気づき

もともとこれらの選択肢を考える際に、

- 健康志向の市場に追随しているのか
- 中長期的に流通業者からの過度なコストプレッシャーを受けずに値づけできるか
- 強みである「研究開発力」が活かせるかどうか

という要素を表に出しながら議論を重ね、各選択肢の最終評価を行う際にも、これらの内容が検討要素として十分で、検証結果が最終的な評価の決め手になると理解していた。

そのため、ゴール仮説の議論でどういう要素が必要で、各要素に対して「どう思うか」という深い議論をしていったはずなのに、安易にクライアントとの会議でメリット／デメリットの記載のみに留めてしまったため、パートナーからダメ出しを食らったのである。

ゴール仮説の策定議論において、しっかり真に答えるべき問題（問い）の要素出しや検討、根拠となる個別の仮説策定も行っていたので考え方、進め方がまずかったわけではない。

ただシビアに言えば、メリット比較のみの資料にしてしまっていた時点で、常にゴール仮説を成り立たせる論点を明確にして、その後の検証作業で手戻りなく進めていくというこだわりが、まだ弱かったと言える。

読者のみなさんも、何かを比較評価する際、いとも簡単にメリット／デメリットという枠だけを設け、思いつくままに積み上げ的に中身を書き連ねていくような思考で進めてしまってはいないだろうか。私は若手のコンサルタント達に、常に議論や思考を浅いままにしてしまう「メリット／デメリット」表記は禁じ手であるということを口酸っぱく言い続けている。

いかなる場合でも、ゴール仮説を構成する個別の仮説に対する深い議論を行ったら、その個別の仮説の確からしさを検証する、深みのある論点（検証ポイント）が必然的に設定され、それがそのまま選択肢の評価判断軸として設定されるべきである。

単純なメリット／デメリット表記というのは、選択肢を生み出している個別の仮説に対する論点に深みがなく、論点設定の浅さを露呈するものであると教えられたのであった。

失敗事例全体のふり返り

数多ある失敗事例の中から鮮烈な記憶に残っているものだけをご紹介した。

ゴール仮説を曖昧にしたまま作業を進めてしまったケース。

フレームワークなどのツールに酔いすぎて、整理することが価値だと勘違いし、論点に深さが出ず、個別の仮説が弱いまま進めてしまったケース。

広さも深さも持ち合わせていたつもりが、常識を疑って打破していくほどの高い視座に立てなかったケース。

個別反省点は違えど、一言でまとめれば「ゴール仮説から始める問題解決アプローチの習熟・発動が不十分であった」と言えるのだ。

これまで大小合わせて100社以上企業へのコンサルティングに関わってきたと思うが、苦しんだ事象はさまざまであれ、真因はやはり、「ゴール仮説から始める問題解決アプローチへの理解・こだわり・習熟度の甘さにあった」と断言できる。

業界知識やテクノロジー知見はもちろん大切である。目まぐるしく変わる業界特有の環境変化や、競争力学への理解を軽んじた状態で、企業を困難な状況から抜け出させるような突破力ある解決策など作れるはずもない。

しかし、突破力ある解決策を導き出す力の源泉には、「ゴール仮説から始める問題解決アプローチ」があることを、今一度みなさんにもご理解いただければ幸いである。

2. 成功事例からの学びと気づき

①ゴール仮説から始める問題解決アプローチの導入で検討を効率化

プロジェクトの内容

10年ほど前、大阪に本社を置く某大手メーカーにおける営業戦略策定の議論に入った時のこと。当該企業はオフィスで使うさまざまな機器やソフトウェアのみならず、ＩＴソリューションなどを扱っている大企業である。

来期の営業戦略を作るに当たり、営業部長を中心とした30名ほどの部長会に呼ばれた際、当然ながら企業をリードする部長達の集まりとあって、さまざまな議論が熱を帯びて行われていた。

「大企業をもっと重点的に攻略すべきではないか」

「いやいや、小企業をもっと面展開していくべきではないか」

「クロスセル（関連商品の併売）をもっと強化していくべきではないか、とりわけこれからはＩＣＴ*時代なので、さまざまなＩＣＴサービスを既存のお客様に付加して売っていくべきではないか」

…など、各種思いの丈をぶつけ合っていた。

話の間に、そういう行動に移れていない営業部員達のスキル不足。それを指導できないマネジャーのマネジメントスキルの問題。評価制度の話など次から次へと意見が噴出してきた。さらに、「そもそも商品に魅力がない」といった議論まで吹き出す状態であった。だからこそ、「こうしたさまざまな問題を踏まえた上、全員で進むべき方向性を整理して打ち出していきたい」という思いは会議に出ている部長一同、強く持ち得ていることは見て取れた。

とはいえ、多々ある問題に対してどのようにそれをまとめ、どのようにシンプルなメッセージとして伝えていくかということに関しては、各人今一つクリアに思い浮かばず、議論は沸騰するものの「では、どう進めましょうか。…沈黙」といった感じで時間が過ぎていく構図であった。そこで相談が来たというわけである。

議論を拝聴するとすぐに、議論が効率的に進まない問題点として大きく三つ存在することを確信した

＊Information and Communication Technology：情報通信技術

①すべての議論の結果として生み出される成果物の枠組みやイメージが、ほとんどないまま個別論をぶつけ合っている

②「現状の何が悪いか」を分析するための議論と「では何をすべきか」という打ち手の議論が行ったり来たりしてしまっている

③議論のほとんどが現場改善型施策の目線で話されていて対競合や市場の変化、時代の変化といった外部変化のインプットが弱く、思い切ったアイデアが生まれてこない

ゴール仮説の策定

当然ながら、これら三つの表層的な問題点に対して一つ一つ解きほぐし、作業に取りかかっていったのだが、まずは一つ目の「成果物の枠組みの共有」からである。

もちろん枠組みを作るに当たっては、どのような戦略方向性を最終的に打ち出したいかというゴール仮説の策定を行いながら、次のように問いかけて進めていった。

「みなさんが最終的にメンバーに打ち出したいメッセージは何ですか。言い方を変えると、どういった具体的な問いにみなさんは答えようとされていますか。まずは、そこから議論

しませんか。今後どの市場に力を入れるべきかという問いに答えようとされていますか。それとも新しく開拓すべきお客様市場はどこなのかという問いですか。あるいは競合に打ち勝つような新しい製品・サービスや値づけの仕方に関してですか。はたまた、デジタルチャネル（販路）などを駆使した新しい営業手法の企画でしょうか。

今、何が問題なのか。どういった点に困っているのかという話を五月雨でやる前に、まずは答えたい問いを全員でしっかりと合わせることから始めませんか。

限られた時間の中で、今、われわれがやるべきことは、その答えるべき問いに対して問題点を抽出し、解決策を導いていくことです。当然ながらそれ以外にも日々のビジネスの中において、大小さまざまに気になることが発生します。

しかしそれらすべてをここで積み上げていったとしても、優先的に答えなければならない問いにつながらない議論に多くの時間を費やすことになってしまいます。

それをやるだけの時間も十分にはありません。ですからまずは、私たちが答えるべき問いが何なのかという点をクリアにすべきです」。

その結果、以下のような答えを得た。

「われわれがどういった市場やユーザーに、今後注力して向き合っていくのか、それをしっかりと明確にしていきたいね」。

「当然ながら今の製品だけではなく、新しいICTサービスが売れるようなユーザーがどういったユーザーなのかというところを明らかにしていきたいね」。

これを受け、「わかりました。それではその注力すべき市場を明らかにした後、そのためにどうやって戦うかという方策（アクション）を決めていくわけです。まずはアクションの議論は据えおいて、どういった市場が今後われわれにとって魅力的になるのか、その仮説から議論を始めませんか」として、ゴール仮説から始める問題解決アプローチの基本構造を設定したのである。

真に答えるべき問題（問い）を明確にして、ゴール仮説の姿をまずは徹底的に議論する。そこに全員の意識を傾けた。その後、1時間近くにわたって注力すべき市場はどこなのかという議論を30名の方々と熱くディスカッションをした。

当然ここでも言葉だけでは理解し得ない、わかっているつもりでも成果物のイメージが少し違うなと思えるシーンが少なくはなかった。

例えば、Aさんは次のように発言する。

「今後注力すべきは、われわれが十分に攻略できていない、大企業層を中心に攻めていくべきではないか」

一方、Bさんは以下のように発言する。

「やはり、これまで製品を投入したお客様を中心にして、アップセル(上位モデル購買)、クロスセル(関連商品併売)していないユーザーを中心に今後ビジネスを拡大していくべきではないか」

どちらも個人の仮説であり、まちがい／正解という話ではない。ただ、「市場」という言葉の指す意味として、お互いの仮説から見えてくる全体の絵が明らかに違うのである。

Aさんの場合はターゲットとすべき「企業規模」の変更を仮説として持っているため

「企業サイズ」を市場を切りわける一つの軸として考えているが、Bさんの場合は「製品の購入数」が切り分ける軸になっている。

そこで私は次に、

「一番答えたい問いは『営業リソースをどこに投下していくべきか』ということですか。それとも『新たなICTサービスを販売拡大していくためのユーザーは誰なのか』でしょうか。でき上がった戦略書を持って3000人の営業部員全員に対して方向性を示すに当たり、まずはどちらをファーストメッセージとして明確に打ち出したいのでしょうか」

と問いかけた。当該クライアントにおいては、やはり限られた営業リソースをどのような戦略のもとに最適に配置していくのかという点が最も頭を抱えていた悩みであり、それに対する方向性を示したかったことが一番の目的であった。

そのためまずは、こうした議論の結果、「限られた営業リソースをどのような戦略のもとに最適に配置していくのか」という問いに対してゴール仮説を作ったのである。

当然、今後の注力商品となる「ICTサービスが売りやすいかどうか」という視点は市場を見極める際の一つの要素にはなり得るが、それだけがターゲットとすべきユーザーを明確にする判断材料でないため、そこを「真に答えるべき問題＝問い」に置いてしまうと本来的な問題解決の目的と外れてしまう。「限られた営業リソースを、どのような戦略のもとに最適に配置していくのか」という問いに対する議論を徹底的に行うことで、この時点で一つの論点に深さが生まれたのである。

注力すべき市場を判断するための軸とは、

- ＩＣＴサービスのクロスセルを実現できていない顧客群なのか
- 商品に関わらず、投資余力が大きい企業なのか
- 特定の業界を定義すべきなのか

などのうち、どれを採用するか。そしてその結果として、

- 特定商品を売るという個別の目的ではなく、営業資源をどこに注力するかという方針を明確にしたい

- それを明確にできるような市場セグメンテーション（顧客グループ）の軸であるべきで、「企業規模」と「業種」の2軸でシンプルに市場を切り分ける

という議論がされた上で、「特に医療業界や電機メーカーの国内トップ5〜20を狙っていくべきではないか」というゴール仮説を描くに至ったのである。当然ながらこれはあくまでもゴールの初期的な仮説である。

- 医療業界と家電メーカーは、本当に自社が得意で競合差別化が図れる優位性はあるか
- その中でもトップ5ではなく、その下の層を攻めることに優位性はあるか

こうした初期的な仮説を検証する深い論点もこの1日で設定されたのである。

このケースでの学び・気づき

当初さまざまな議論をしていた部長会ではあったが、このようにして真に答えるべき問題（問い）が何なのか。その「問い」に対する現時点でのゴール仮説はどういうものかから

議論を集中的に始めることで、その後、何を検討していけばよいかの進め方が全員の中で明確になった上で検討が進められ、2か月後には全員がベクトルを同じくする方針書ができ上がったのである。

当然のことながら、初期的なゴール仮説がそのとおりにならないケースは少なくない。データを集め、検証するための分析をかけていくにつれ、思ったとおりではないケースも多々発生する。その都度修正を繰り返し、次の仮説を立て、また検証を繰り返すという状況を繰り返しながら最後に全員が納得すべき解決策ができ上がっていく。

確実に言えることは、あのまま部長会を毎週繰り返していたとしても、現場改善型の問題の羅列と、それに対する個別対応施策だけが明記された成果物が策定されていたと思う。そしておそらく相当の時間をかけたであろう。

ゴール仮説から始める問題解決アプローチを知っているかどうか。それを実践することの重要性を理解しているかどうかだけでも、問題解決に対する効率的な進め方に差が出てくることを実感した体験であった。

②考える枠組みを斬新に「飛ばす」ことで検討を加速

プロジェクトの内容

某メーカーから「物流に関わるビッグデータを活かして新たなサービスを生み出せないか」と相談を受けたケースである。このケースは、問題解決ではなく、新たなサービス戦略の策定であるため、どのようなサービスが魅力的であり、それをどのような戦略で市場に投入していくかというゴール仮説を早期に立てることが何よりも大事であった。

だからと言って、全員が集まってやみくもに「どんなサービスがあるかな?」というフリーディスカッションを延々と繰り広げていても、なかなかゴール仮説には至らない。

そこで、考える枠組みをリーダー自らが明確にした上で、それをベースにアイデアを発出していくアプローチを採ったのである。

「新しいサービスはどのような提供価値を生み出すべきなのか」
「その価値の出し方(パターン)にはどのようなタイプがあるのか」
という大きな枠組み設定から入り、その中で新規サービスアイデアをどんどん作りだし、後は斬新さと実現性を検証して絞り込んでいった。

ゴール仮説の策定

提供価値をＱＣＤ（質・コスト・供給速度）の観点からまずは三つに分類する。データを使うことで、

①質（Quality）が高まるサービス
②コスト（Cost）が削減されるサービス
③供給速度（Delivery）が速まるサービス

というベネフィットの軸と、「見える化」「マッチング（つながる）」「レコメンド（予測する）」という三つの付加価値の出し方という枠組みを個別の議論を数度行った後、設定した。

例えば、アジア各国の、出港日や行先といった港湾データや配送データと、過去の搬送実績（航路別×日時別×天候別の所要時間など）とをすべて結びつけることで、入港から倉庫納入までの情報の精度を飛躍的に向上させ、タイミングを細かく予測して推奨するサービスができる。入港前に荷物の受け取りのため、港湾周りにトラックが渋滞して並んでいるような状態と聞いていたので、荷物を受け取りに来る物流業者の作業効率も港湾の保管業務

も、あらゆるオペレーションが効率化されるサービス案を多数発案した。

このケースでの学び・気づき

今回は「どのようなサービスがあるか、何をするか」といった解決策に対するゴール仮説の難しさに直面したプロジェクト。「考える枠組みの設定」とその盤面上で「アイデアを斬新に飛ばす」視点の高さの両方が難しかった。

ではなぜ、私自身がゴール仮説の構築をリードできたかを改めて考えてみると、前者の「考える枠組みの設定」は、フレームワークの習得と使いこなしていく回数で磨かれてきたものであり、誰でも、学び×使い続けることで身につくスキルである。

次に後者の「アイデアを斬新に飛ばす」視点がどうして持てたか。まずは基本のキとして、今回の問題解決においてどれほどの「飛ばし」が求められているのか。その度合いを測ろうとする意識が私には明確にあったこと。飛ばしの度合いというのは、相手が求めている解決策の飛躍の度合いのことである。先に述べた筋のよいゴール仮説を作る上で必要な視点である。

つまり、多少「実現性」にチャレンジがあっても、これまでにないような、斬新で新規性の高いアイデアを求めているのか。それとも地に足ついた実現性高いアイデアを求めているのかといった提供価値の飛ばしの度合いである。

この度合いの測りを忘れて、自分視点で「どんなアイデアがあるかな？」と考えたとしても、往々にしてみんなが考えるようなアイデアが出ては消えを繰り返すだけである。

このケースでは、ＱＣＤが２００％以上向上するような抜本的な改革を伴うサービスが求められているとして、その結果、新たな収益が１００億円以上期待できるサービスであるという定量化を当初から設定した。

その飛ばし度合いを思考のベースに置いてから検討を始めていく。問われている問題に対する解決策のインパクトを定量的に捉える思考の実践である。この、インパクトを定量化するという意識や目線を持つことは、社会人１年生からでもできるはず。

この「飛ばしの度合い」は、何度も「最初に自分が考えていた飛ばしの度合い」と「最終的に検討の結果導かれた解決策の飛ばしの度合い」のギャップを経験を通じて検証し、その経験をしっかり自身のスキル資産として蓄積することによって、同じようなテーマが出てきた際、自分の引き出しからテーマ別の「飛ばし度合い」を取り出せるようにしておくことで、常に発動できるものになるだろう。

③時流の影響を理解し、真に答えるべき問題の本質を見抜く

プロジェクトの内容

ハードウェアが売れない時代、昔のようなローラー作戦で簡単に顧客に会えるほどオフィスはオープンではなくなり、営業生産性の低下に苦しんでいる企業は少なくない。本ケースも伝統的な日系大企業から営業部門の改革を依頼されたものである。

一昔前は、営業部門の工数分析をやって、非効率なプロセスをBPR（Business Process Re-engineering：ビジネスプロセス・リエンジニアリング）して時間を有効に使うという打ち手が王道であったが、今は時代背景が異なる。

「営業部門がどう変わるべきなのか」という最初の問いに答えるにおいて、「今の時代の営業部門が抱えている問題とは何なのか」を考える必要がある。

それは昔とは異なるはずであり、これからも大きく変わっていくであろうという時系列的な視点を持ちながら討議することを、とりわけ重視した。

そもそも、生産性の計算式を考えた時、営業改革というのは基本的に分母の営業活動量と分子の成果物（案件創出数だったり成約数だったり、金額だったり）をコントロールすることが

シンプルな狙いとなる。

今までは分母の訪問数を増やせば、自動的に分子の成約数の向上につながるメカニズムが作用していたため、各社はこぞってお客様訪問の量を積み上げていった。

しかし、簡単なことは自らネット検索で解決するのが当たり前の今、ユーザー知識の飛躍的向上とともに、「早く解決してよ」という解決スピードへの強い要請とプレッシャーの高まり。売る側のサービス・製品の多様化による知識武装の困難さ…。こうした買う側・売る側の変化の中、営業部員は苦しみもがいている状態が実態で、それを打破することこそ本改革の目的であると定義した。

一方で、営業機能を回すためのプロセスは時代環境が変わろうとも大きく変化するものではない。ターゲティング→訪問→提案→購買というプロセスは今も昔も変わらない。

時代環境の変化がこのプロセスのどこに、どのような機能不全をもたらしていて、どのような解決策を打ち込んでいくのかを検討した。

ゴール仮説の策定

営業機能がうまく回らないのは、デジタルデータをどのように活用していくかの明確な戦略・戦術が脆弱だからであると当初より初期的な仮説を立てた。

したがって、「ユーザー接点のすべてを、企業全体で統合的に管理したデジタルデータを戦略的に活用できる仕組みに変えることこそ、結果としてその中の一つのユーザー接点である営業機能の生産性向上につながる」というゴール仮説を構築する。

これは単なる営業部門の改革ではなく、ユーザー接点（営業部員・Web・SNS・サービス担当者・コールセンターなど）全体の改革であり、デジタルデータを戦略的に活用して、ユーザーのニーズにスピーディーかつ情報価値が高く向き合える姿に変えることを目的に、改革を実施した。

ユーザー接点がそれぞれどのような役割を果たすのか。そこにデジタルデータを絡めて、どのような情報を活用してお客様に向き合っていくのかを再設計するとともに、それを実現するため、データ統合だけでなく、そのデータから自動分析をしてユーザーとの接点にデータを返すテクノロジーの導入までを視野に入れながらデータの作り替えを行った。

このケースでの学び・気づき

この案件では「問題点は何なのか？」という真に答えるべき問題（問い）を見極める仮説

の立案がまずは最初であった。

ともすると旧態依然な視点から「非効率な業務に時間が取られていて、本来お客様に向かうべき工数が不十分なのではないか。そのムダな時間が生産性を押し下げているのではないか」といった問題点に対する仮説を簡単に構築しがちになるところである。

これは、過去の成功パターンを、時流の変化や環境変化を無視してそのまま当て込んでいる思考放棄なパターンと言える。

冷静に「今、何が問題なのか」を整理するため、まずはフレームワークを頭の中に想起して、今回の場合は、生産性方程式で見て、まず分母の問題（営業活動に対する投入資源の削減）ではないと整理した。

次に、「ではなぜ成果が上がらないのか」「どこに問題があるのか」を営業プロセスの絵を思い浮かべながら考えた。

現状の理解を行う上でも、枠なき思考では発散度合いが際限なく広がり、議論できる状態には持っていけないため、基礎的な構造整理のフレームや枠組みは、いの一番に頭の中で想起し、その枠内で初期的な仮説を作り上げる。

次に、その中でどこに問題があるのかを早期に仮説立てたわけだが、その本質的な問題を掘って見つけていく「探索の視点」に妙があったのだろう。

「昔と今は環境が違う。時代が違うのだから同じことをやっても解決策にはならないはずだ」という時系列的な変化を捉えた視点をしっかりと持てているかがポイントになる。

ビジネス上の問題は、同じような問題に見えても、時代が違えば問題に影響を与えている外部環境、例えば顧客の考え方であったり、求めるサービスレベルだったり、競合会社のサービスレベルや取り組んでいる活動であったり、自社のブランド力だったり、サービス力だったりは、当然、以前とは異なる。

であれば、問題の本質にも変化が生じていてしかるべきである。こうした、時流とその影響を冷静に理解する力が問題点の本質理解の作業においては重要になる。

初期的な仮説の構築段階で、本案件においても営業役員や部長クラス4、5名にヒアリングを行ったが、実は並行して他業界の営業部門の問題などもクイックに情報リサーチした。その上で問題点の初期的な仮説と、そこから導かれる解決策のゴール仮説の構築を行ったのである。

「ただただ困っている人に困りごとを聴いて、それを鵜呑みにしても本質問題や抜本的な問題解決には結びつきにくい」と考えるのが、今の、そしてこれからの時代の基本思想であろう。本人が理解していればすでに解決されているはずなのだから。

時流や外部の変化、それが今、向き合っている問題にどのような影響を及ぼしているのかを考えようとする鳥の目・魚の目（大所高所からの問題観察視点）を経験を通じて養っていくこと。

さらに、他業界や他国といった外の世界に同じような問題に向き合ったケースがないか。そこからの示唆を自分たちの検討に生かす外部活用力の双方が問題や解決策の仮説に磨きをかける上で有効になってくる。

④延長線思考との決別で、筋のよい解決策に

プロジェクトの内容

保険会社における全国支社の賃借料削減という内容。全国支社の高い賃借料を削減することがクライアント要請であったが、そもそも支社の必要性に目線を上げ、最終的に支社統廃合を実施した。

ゴール仮説の策定

このケースは問題点の特定が求められていたわけでなく、コストが高止まりしているから削減したいという明確な問題があり、それをどうすれば下げられるかという解決策が求められていた案件である。

支社ごとの必要坪数を考えると、昔の契約のままの支社が多く、かつ適正な賃料単価も理解していないため、全国全体で行けば削減余地は容易であろうと考えていた。

しかし、あるべき姿・解決策を考えていく中、問題の本質は、やや違うのではないかと疑い始めた。

この時代、保険会社のユーザーへの向き合い方が大きく変わっていこうとしている中、本当に「削減」という取り組みが目指すべきゴールとして正しいのかという自問自答からスタートする。

そもそも、保険はますますＷｅｂで完結するようにダイレクト化していく流れがあり、リアル店舗が有している顧客提供価値の多くはリアル店舗からでなくとも、継続提供できるのではないか。むしろダイレクト化を図ったほうが顧客提供価値を高められるのではないかという初期的な仮説を置き、「今の全国支社・出張所は70％は消滅させられるはずであり、それが目指す姿」というゴール仮説を立てた。

当然、そのためには、以下のような真に答えるべき問題（問い）に対する個別の仮説を一つ一つ潰し込むことが必要になる。

- 保険のダイレクト化はどれくらい加速するのか
- どの機能（問いあわせ・見積・契約×個人・法人など）が対人でなければならないのか
- 現店舗にそのような機能があるのか　…など

もちろん、ゴール仮説の実現性を説得するために、店舗が持つ機能の一つ一つを体系立て、そのシフト可否を判定していくという泥臭い検証作業は発生するわけだが、ビジネスリスクをもたらす機能でない限り、シフトする構想を策定した。

このケースでの学び・気づき

問題点に対して、過去の延長線上で考えても抜本的に解決されないという「過去の単純延長と決別する意識」や「安易な問題設定を疑ってかかる」という意識がうまく機能した。

現状の問題解決を図るにおいて、ただ過去と同じような視点でコストを削減できないかと考えるのではなく、そもそもコストゼロにできないのかという大胆な思想で解決策を考えようとしたことで、一気に問題解決のインパクトを大きくできた。

よほどの規制産業でもない限り、チャネルのデジタル化やダイレクトチャネル化など、他業界でできていることができないわけがないという発想から解決策を検討した。

さまざまな情報や意見、考えを飛び交わせる場合においても、問題そのものの基礎的な構造を描けているかが鍵になると言える。

⑤考察の「広さ」より「深さ」にこだわり、問題を突破

プロジェクトの内容

通信会社のコールセンター改革という内容で、初期ヒアリングを顧客側と内部関係者の双方に実施することからスタートした。

このヒアリングはゴール仮説を作る上で、個別の声を一つ一つ聞きたいという意図よりも、問題の構造がどうなっているのかを整理づける目的を多分に含んでいた。

ヒアリングを行いながら、コール数の増大と高度化・複雑化が、コールセンターの生産性を押し下げ、その結果として対応スピードや質も低下させていることがわかった。

特にこれまでコアとして信頼を寄せてくれていた顧客の満足度を低下させてしまっているという大きな機能不全のメカニズム・構造が頭にうっすらと見えてきた。

コール数の増大と質の複雑化という外的事象の変化

↓

量・質ともに対応力が低下しているオペレーター

←コア顧客を中心とした満足度低下

←コア顧客層の購入離れ

という状況に陥っていたのだが、なぜ、そんな負のメカニズムに陥っているのかをより深く、真因を考察する検討するところから着手した。

まず、要因として検討すべき要素である「人（オペレーター）のスキル」「運営プロセス」「テクノロジー」「評価・インセンティブ」「文化」といった要因整理のフレームワークを頭に置きながら、どこが悪いのかを考察する。

初期ヒアリングや簡単な情報収集、さまざまな意見を集めてゴール仮説を磨くわけだが、問題の領域を見定める際の初期的な仮説作りにおいて斬新さや新規性は不要である。

しかし、集まった情報や声を鵜呑みにするのではなく「本当にそれが真因だろうか」というように、目先の情報や声だけで簡単に「それが問題だね」と安易に結論づけず、「本当にそれが問題なのか」「その問題をもたらしている他の要素はないのか」と常に疑って思考を深めていく力、深い考察を自身に課していく意識がとても大切になる。

ゴール仮説の構築

このケースにおいては、「オペレーターが難しい相談に対峙するスキルを持てていない」「スーパーバイザーがもっと丁寧に指導してはどうか」「難しい問い合わせはスーパーバイザーに回すといったオペレーション改善が必要ではないか」といった声が初期段階から集まった。しかし、

- なぜオペレーターのスキルが高まらないのか
- それは高めようとしても高まらないのか
- 高めようとする意識すらないのか
- なぜ、スーパーバイザーにシフトしないのか
- それはしないのか
- できない理由があるのか

これらのうち、どの理由であるかによって打ち手は変わってくる。

昔ながらの時間給や処理件数でしか評価されないオペレーターにいくら「スキルを上げろ」と言ってもムダであるし、スーパーバイザーにしても、限られた時間の中で量が増えるコールセンターのマネジメント業務に多くの時間を取られていては、難度の高いコールを引き受けたくても引き受けられない構造があるに違いない。

つまり、消費者からの問い合わせ量の増大や質の複雑化は避けられない要件であって、その流れの中で、基礎的な問合せなどは一切コールセンターで受けないなどという新しいルールを作るなどの試みもないまま、一向にコールセンター機能の将来的な顧客提供価値の出し方が見えない状況にあった。

つまり、「旧態依然として給与・インセンティブ制度でモチベーションも上がらない点が問題であり、そこに抜本的な改革手段を講じなければ、今の困難な状況は打破できないはずである」という真に答えるべき問題（問い）に対する仮説立てをしたのである。

そこで、単純な問い合わせはすべてＷｅｂ対応として、問い合わせの難度に応じて対応オペレーターを自動振り分けするなど、コールセンターの3か年価値進化プランを描き、オペレータースキルの明確化とレベル、パフォーマンスに応じた新たなインセンティブ制度の導入を進めていくべきといった解決策のゴール仮説を早期に描いて、後はその実現に向け、個別の仮説に対する論点（検証ポイント）を潰し込んで進めていったのだ。

このケースでの学び・気づき

問題を深く掘っていく際には、疑って、疑って「本当にこれが真因なのだ」と自分の中で自信を持って言えるレベルまで持ち込もうとする姿勢が重要である。

現場の声は有益ではあるが、その多くは表層的な問題だけを述べているに過ぎないと考えるべきであって、そうした情報の背景にある根本的な要素の原因を探るにおいては、フレームワークも活用しながら「なぜなのか、何が問題なのか」と洞察していく癖・経験の積み重ねが生きてくる。

成功事例全体のふり返り

先に紹介した失敗事例の場合と何が違うのか。年を重ねたことで積み上げた経験数も多少あろうが、やはり、苦しくても検討早々に「ゴール仮説」を策定しようとする負荷前傾型アプローチの徹底と実践意識の高まりが挙げられる。

さらに、広さだけでなく徹底的に深い論点（検証ポイント）に持ち込めるだけの個別の仮説に対する策定力。過去の延長線上の発想や業界の常識から、あえてジャンプさせた思考を楽しむ力がついたことも大きい。時流の変化やその影響を冷静に読み解き、思考に取り込んだ上で高い視座から考える意識も加えられる。

これらが確実に、自身の問題解決に臨むに当たって「癖」と呼べるレベルにまで定着させられた点にあると言える。

失敗が多かった頃は、頭ではうっすらとわかっていながらもゴール仮説から始める問題解決アプローチの力点や要諦への理解がまだまだ甘かった。

そのため、検討過程においてインプットされるさまざまな情報や意見に溺れてしまい、時間だけが過ぎてしまって筋のよい解決策が見いだせずに終わっていたのである。

しかし、ゴール仮説から始める問題解決アプローチの深い理解と、「癖」と呼べるレベルにまで定着した後は、

- 真に答えるべき問題（問い）の確認のために使うべき情報なのか
- 初期的なゴール仮説を作るための情報なのか
- 解決策の策定に使うべき情報なのか

といった切り分けや、

- 深い論点（検証ポイント）を検証するための情報か
- 高い視座から、もっと新規性の高い解決策を具体的に描く際に使うべき情報なのか

といったように、それぞれのアプローチにおける活用シーンを頭に描きながら、情報を集約・統合できるようになった。

問題解決を図るための作業を、全部拾い上げれば膨大な量になるだろう。分析作業から

過去の類似事例の探索、消費者調査や有識者ヒアリング、最適な検討体制の構築や必要経費の獲得など、すべて与えられた問題を解決するために必要な作業であることはまちがいない。

ただ、こうした作業の時間を最小化し、効果を最大化していくための鍵は「ゴール仮説」をどこまでこだわって、曖昧にせず作り込めるかにかかっている。

ロジックツリーを使ったり、MECEに考えることもすべて、ゴール仮説を早々に設定し、そこから検証すべき点を定義し、力点を置いた作業で効率的に解決策へ辿り着くことに直結するのである。

いかなる問題解決シーンであっても、まずはリーダー自らが率先して「ゴール仮説」を作り出す。それこそが、本書のキラーメッセージなのだ。

おわりに

本書が読者一人一人の「自分ごと」として捉えていただけるよう、できる限り実践的な内容になるよう努めたつもりであるが、いかがであっただろうか。問題解決の手順や持つべき視点、個別スキルなど断片的な要素であっても、明日から活用できるものがあればうれしい限りである。

昨今、デザインシンキングやアジャイルといった新たな思考法やアプローチが注目される中で、「なぜ今さらこのような問題解決手法の本を出版するのか」と疑問に思われた読者も少なくないかもしれない。そこに秘めた思いを記して本書を締めくくりたいと思う。

われわれKPMGコンサルティングは、世界中の企業に対して先進テクノロジーを駆使した変革支援を行っており、「デジタルトランスフォーメーションリーダー」としてその先進性が世界で高く評価されている（米市場調査会社IDC社「IDC MarketScape 2017」調査より）。その一方で、企業の「課題解決」を生業とする限りにおいて、問題解決できる力こそが価値の源泉なのであるという強い信念を有している。

いかにビジネス環境が変化しようとも、問題解決力の高い人材は必ず価値を生む。KPMGコンサルティングでは新卒のみならず新たにファームに参画してくれた人材一人一人に対して、今まで以上に問題解決力の徹底的な習得を求め、そのための育成・研修プログラムも強化している。

改めて、読者みなさまの企業に置き換えて考えてみていただきたい。

時代の変化に焦りを覚えるあまり、一過性の知識や情報、流行ものの習得ばかりに終始してしまってはいないだろうか。「筋のよい解決策」を導いていくインプットとして、そうした努力はぜひお勧めするが、人が人らしく、ＡＩに翻弄されることなく、多様な難問や壁を突破していくためには、やはり「問題を解決する力」を磨いていく努力を怠ってはならないというのが私の秘めた強い思いである。

本書を企業のビジネスリーダー全員にご一読いただきたい、と願う。そして、実際のビジネスシーンで壁にぶち当たるたび、冷静に本書を読み返していただきたい。じわりじわりと本書に書いてある内容の意図や行間までもが見えてくるはずである。読者のみなさま一人一人が、「ゴール仮説から始める問題解決アプローチ」の実践者となり、日本の生産性を高めていく変革リーダーとしてご活躍いただけることを切に願って本書を締めたいと思う。

本書は、私を育ててくれた多くのクライアントの方々、ファームの先輩や同僚なくしては存在し得ない。また、すばる舎の徳留慶太郎社長と吉田真志様には企画段階から本当に根気強くサポートいただいた。この場を借りて全員に心よりお礼申し上げたい。そして、常に私の人生の支えとなっている妻の真紀、悠生・日々輝・光湧・琉空の四人の息子達にも感謝を伝えたい、ありがとう。

最後までお読みいただき、ありがとうございました。

２０１８年9月吉日

佐渡　誠

【著者紹介】
佐渡 誠（さど・まこと）

KPMG コンサルティング　執行役員パートナー
経営企画・グローバルストラテジーグループ担当

慶応義塾大学経済学部卒業後、国内大手メーカーに就職。4 年間の営業経験を経て、外資系戦略コンサルティングファームにてコンサルティングキャリアをスタート。約 15 年にわたり、通信、消費財、家電、製造業などさまざまな業界に対して成長戦略、新規事業戦略、営業・マーケティング戦略などの各種コンサルティングサービスを提供。2014 年より KPMG コンサルティングの立ち上げに参画し、ストラテジーグループのパートナーとして経営マネジメント、業務変革などのプロジェクト全般をリードするとともに、採用・人材開発もリード。現在、執行役員経営企画・グローバルストラテジーグループ担当。

【KPMG コンサルティング】
KPMG コンサルティングは、世界 154 ヶ国、約 200,000 名のプロフェッショナルを擁する KPMG インターナショナルのメンバーファームとして、ビジネストランスフォーメーション（事業変革）、テクノロジー、リスク & コンプライアンスの 3 分野でプロフェッショナルサービスを提供する総合コンサルティングファーム。

BookDesign：内川たくや（ウチカワデザイン）
トレース　：朝日メディアインターナショナル

「ゴール仮説」から始める問題解決アプローチ

2018 年 10 月 23 日　第 1 刷発行
2021 年 12 月 23 日　第 2 刷発行

著　者――佐渡 誠
発行者――徳留慶太郎
発行所――株式会社すばる舎
〒 170-0013 東京都豊島区東池袋 3-9-7 東池袋織本ビル
TEL　03-3981-8651（代表）03-3981-0767（営業部直通）
FAX　03-3981-8638
URL　http://www.subarusya.jp/
振替　00140-7-116563
印　刷――株式会社シナノ

ISBN978-4-7991-0731-7